Trude Ausfelder

Typisch Jungen!

Alles, was **Mädchen**
über Jungen wissen wollen

Trude Ausfelder

TYPISCH JUNGEN!

Alles, was MÄDCHEN
über Jungen wissen wollen

KLOPP · HAMBURG

© Erika Klopp Verlag GmbH, Hamburg 2008
Alle Rechte vorbehalten
Einband und Reihengestaltung: Kerstin Schürmann, formlabor
Illustrationen: Yayo Kawamura
Reproduktion: Die Litho, Hamburg
Druck und Bindung: Offizin Andersen Nexö, Leipzig
Printed in Germany 2008
ISBN 978-3-7817-0106-9

www.erika-klopp.de

INHALTSVERZEICHNIS

2. Gefunkt! Wir sind ein Paar!

3. Im Bett: dein Freund, ein unbekanntes Wesen 69

In diesem Buch geht es um viele Dinge, die Mädchen über Jungen wissen
wollen. Ein großer Teil davon ist aber auch auf erwachsene Männer über-
tragbar. Der besseren Lesbarkeit halber ist daher nicht immer nur von
»Jungen« die Rede, sondern auch von »Männern«, bzw. nicht nur von
»Mädchen«, sondern auch von »Frauen«.

Vorab ein paar persönliche Worte ...

Du bist verliebt! Der Himmel hängt voller Geigen, Schmetterlinge toben in deinem Bauch herum – und du kannst an nichts anderes mehr denken. Er ist dein erster Gedanke, wenn du morgens aufwachst. Er bestimmt den ganzen Tag über dein Denken. Und du schläfst ein und stellst dir vor, wie schön es jetzt wäre, in seinen Armen zu liegen. Puh, wär das super!

Doch du merkst bald, dass es oft ganz anders abläuft mit ihm, als du es dir vorgestellt hast: Er verspricht dir etwas und hält es dann nicht. Er sagt dir, dass er dich liebt, und knutscht bald darauf schon mit einer anderen. Und er will im Bett schnell zur Sache kommen und achtet kaum darauf, wie du dich dabei fühlst.

Spätestens jetzt stellst du fest: Jungen sind anders als Mädchen. In manchen Punkten sogar ganz anders. Sie sehen die Liebe oft nicht so romantisch wie du. Du fühlst dich unverstanden, weil dir sein Verhalten fremd ist. Du leidest still, weil es dir peinlich ist, offen darüber zu sprechen. Wie so viele Mädchen.

Doch was auf einen Jungen zutrifft, kann nicht auf alle anderen übertragen werden. Jeder ist ein Individuum und hat viele Seiten. Hinter einem nach außen ruppig wirkenden Jungen kann z. B. ein ganz sensibles Wesen stecken. Oder einer, der besonders charmant ist, entpuppt sich am Ende als oberflächlicher Schürzenjäger. Hier soll nichts verallgemeinert werden, denn das Besondere an uns Menschen ist ja, dass keiner aussieht wie der andere und jeder eine ganz eigene Persönlichkeit hat.

In diesem Buch erfährst du das über Jungen, was Mädchen und Frauen seit Langem immer wieder beschäftigt: wie sie sind, was sie fühlen, denken und treibt. Und warum sie so oft nicht tun, was du gerne hättest oder erwartest. Ich kann mich selbst noch sehr gut an diese Zeit erinnern, wo ich manchmal dachte, ich würde nie den einen finden, der mich glücklich macht. Immer nur Enttäuschungen, immer nur Kummer! Auch wenn es manchmal wehtut – es ist ein Lernprozess. Lass dich also durch Enttäuschungen nicht entmutigen. Irgendwann wirst du dem Richtigen begegnen. Ein kleiner Trost nebenbei: Ich habe ihn dann noch gefunden. Das Warten hat sich gelohnt, er ist immer noch bei mir.

Auch wenn aus Jungen Männer werden, ändert sich an ihrem Verhalten meist nicht viel. Manches prägt sich mit den Jahren eher noch mehr aus, im Positiven wie im Negativen. Frag ruhig mal deine Mutter oder Oma, sie werden dir dazu sicher aus ihren eigenen Erfahrungen einiges erzählen können. Nichts kann so spannend, aufregend, leidenschaftlich, fremd, wunderschön und oft auch skurril sein wie eine Beziehung zwischen Frau und Mann. Nicht umsonst beschäftigt dieses Thema seit Jahrtausenden Dichter, Schriftsteller, Musiker und Filmemacher.

Die wichtigsten Fragen, die dir in Sachen Jungs auf den Nägeln brennen, habe ich für dich zusammengestellt und versucht, Antworten darauf zu geben. Amüsante, unterhaltsame, interessante, realistische und ernste. Damit du genau weißt, welchen Fisch du an der Angel hast, wenn du frisch verliebt bist.

Ich wünsche dir, dass du mit ihm superglücklich wirst!

München und Landaa Giraavaru, 2007

Trude Ausfelder

1. Es kribbelt! Der schöne Wahnsinn, sich zu verlieben

Was passiert, wenn man sich verliebt? Woher kommen die Schmetterlinge im Bauch?

Welch schönes, kribbelndes Gefühl! Du kommst dir vor, als wärst du nicht mehr von dieser Welt, kannst kaum noch schlafen, nicht mehr klar denken, die Schule wird zur Qual. Wenn deine Eltern etwas von dir wollen, fühlst du dich sofort genervt. Sie haben doch gar keine Ahnung, was in dir los ist, denn du willst nicht darüber reden. Wie sollst du die Schmetterlinge in deinem Bauch auch beschreiben? Das alles gehört dir, nur dir allein, und du willst es genießen und träumst schon von viel mehr.

Hätte ich ihn doch gefragt, ob er sich mit mir treffen will, grübelst du. Hätte, hätte, hätte. Dabei kennst du ihn noch nicht einmal richtig und denkst dich bereits in alle möglichen Lebenslagen mit ihm hinein. Jeden kleinen Blick, jede Geste, jede Regung von ihm rufst du in deiner Erinnerung zurück. Er hat dir eine Cola aus dem Automaten gezogen, das wertest du als Zeichen größter Zuneigung und Bedeutung. Er muss dich also mögen, und vielleicht nicht nur das.

Du bist verliebt! Das ist der aufregendste, göttlichste und manchmal auch unerträglichste Zustand, den ein fühlender Mensch durchleben und durchleiden kann. Aber: Was du jetzt empfindest, entsteht in deinem Körper und hat nicht viel mit dem Jungen zu tun, um den es dir geht – auch wenn er der Auslöser all dessen ist. In dem Moment, in dem du von ihm so angetan bist, setzt dein Körper eine Kettenreaktion in Gang, sofort werden deine Lustzentren aktiv. Dagegen stellen die für die Traurigkeit zuständigen Regionen im Gehirn ihre Arbeit ein. Deshalb sehen Verliebte die Welt mit anderen Augen und schweben auf rosaroten Wolken.

Dafür verantwortlich ist ein Cocktail aus chemischen Botenstoffen, den sogenannten Neurotransmittern. Sie werden in großen Mengen im Gehirn freigesetzt und überschwemmen die Blutbahnen von Frischverliebten. Dabei werden im Gehirn vor allem die für Freude, Genuss, Neugier, Lust und Abenteuer zuständigen Regionen aktiviert. Funktionen wie Merkfähigkeit, Aufmerksamkeit und die Fähigkeit, komplizierte Aufgaben zu lösen, werden dagegen deaktiviert.

Durch das Abschalten solcher Spielverderber wie Angst oder Sorge vor Hindernissen bist du in der Lage, den anderen und seine Gefühle genau kennenzulernen. Äußeres wird erst einmal ignoriert, für dich zählt nur, was er fühlt und ob das mit deinen Gefühlen vereinbar ist. Und wenn diese inneren Vorgänge passen, dann lässt sich auch über mehr nachdenken.

Das Stresshormon Cortisol flutet durch die Adern, bei Mädchen steigt das Männlichkeitshormon Testosteron leicht an. Sie sind aktiver, selbstbewusster und mutiger. Bei Jungen dagegen sinkt das Testosteron ein wenig ab, sie werden einen Hauch weiblicher und tun Dinge, die sie sonst gar nicht mögen. So wie sich die Hormonspiegel von Mädchen und Jungen annähern, hoffen sie auch, sich einander anzunähern.

Doch diese Harmonie der Hormone lässt nach. Leider! Und dann sieht man sich plötzlich mit viel realistischeren Augen und erkennt oft, dass vieles gar nicht so einfach ist, wie man es sich erträumte.

WIE FINDE ICH ENDLICH EINEN FREUND?

Es ist hart, wenn viele Mädchen um dich herum einen Freund haben und du noch allein bist. Das Leben kann so ungerecht sein! Dabei sehnst du dich auch so sehr nach einem Jungen, der dich in den Arm nimmt und dich einfach lieb hat. Aber keiner interessiert sich für dich. Noch nicht ...

Marie (15):
»Alle Mädchen, mit denen ich früher immer was unternommen habe, haben jetzt einen Freund. Nur ich bin noch solo. Manchmal frage ich mich, was an mir falsch ist, dass mich keiner will. Ich muss deshalb oft weinen und fühle mich total verlassen. Ich kann anziehen, was ich will: Ich sehe nie so gut aus wie die anderen und habe auch nicht so schöne Klamotten. Jetzt esse ich kaum noch etwas, damit ich abnehme. Wahrscheinlich bin ich mit 55 Kilo zu dick für einen Jungen.«

Vorab: Mit 55 Kilo ist ein Mädchen auf keinen Fall zu dick. Dass du noch solo bist, liegt sicher auch nicht an deinen Klamotten, die zwar einen ersten Eindruck wiedergeben, aber nicht alles entscheidend sind.

Vielleicht strahlst du aber etwas aus, was bei anderen nicht so gut ankommt? Oder hast du sehr hohe Ansprüche an einen Freund, die kaum einer erfüllen kann? Möglicherweise bist du auch einfach nur zu bequem, einen kennenzulernen? Wer immer nur wartet, dass der Richtige plötzlich aus dem Nichts auftaucht, wird enttäuscht werden. Man muss seinem Glück auch ein bisschen auf die Sprünge helfen. Denn so traurig dich das Alleinsein macht, so bequem ist es auch. Jammern und Klagen ist auf jeden Fall einfacher, als sich aktiv um jemanden zu bemühen. Deshalb: Brich aus, unternimm etwas!

 ## Hier ein paar Tipps, wie du landen könntest:

✳ Schraub deine Ansprüche runter! Mach dir klar, dass man dem perfekten Partner, dem Traumprinzen, nur ganz selten im Leben begegnet. Man muss in der Regel Kompromisse schließen, wenn man nicht alleine bleiben will. Vielleicht sieht der Junge nicht so gut aus, wie du es dir wünschst, aber wenn er dich respektiert, Humor hat und dich zum Lachen bringen kann, dann gib ihm doch eine Chance!

✳ Entdecke deine Stärken! Das macht dich selbstbewusst und attraktiver. Finde heraus, was du besonders gut kannst, und zeige es. Lerne, dich selbst zu mögen. Wenn man sich selbst nicht leiden kann, wie sollen es dann andere? Hör also auf, mit dir zu hadern. Jeder Mensch ist einzigartig, auch du. Je relaxter du deinen Fehlern gegenüberstehst, desto eher werden sie auch von anderen toleriert und akzeptiert.

✳ Schließe dich einer Gruppe an, die Musik, Sport, etwas Handwerkliches oder Künstlerisches macht oder sich für etwas engagiert, für Umweltschutz z. B. Nirgendwo lernst du Leute besser kennen als bei gemeinsamer Action. Wenn man gemeinsame Interessen teilt, kommt man ganz unkompliziert mit anderen ins Gespräch – und vielleicht auch mit dem Jungen, der dir gefällt.

✳ Sei kontaktfreudig! Denn wer mag schon Menschen, die immer nur um sich selbst kreisen? Wer offen ist für die Probleme anderer, strahlt das auch aus und wird dafür mit Anerkennung belohnt.

✳ Geh raus, und igle dich nicht zu Hause ein! Wer bequem auf der Couch wartet, dass jemand auf ihn zukommt, wird meist ewig warten und findet weder Freunde noch einen Partner.

✳ Vergiss nicht, dass viele Jungen mindestens genauso gehemmt sind wie du und auch unter Druck stehen, wenn sie ein Mädchen ansprechen wollen. Das allein sollte dir schon Mut machen.

WAS KANN ICH TUN, WENN ICH IN IHN VERLIEBT BIN, ER ABER (NOCH) NICHT IN MICH? WIE KOMME ICH AN IHN RAN?

Du hast einen Jungen im Visier, der dir sehr gut gefällt. Doch er hat noch gar nicht bemerkt, dass du ihn gerne näher kennenlernen würdest. Du überlegst hin und her, wie du an ihn rankommen könntest. Ihn einfach ansprechen? Nein, das traust du dich nicht. Am Ende werde ich noch rot und bekomme einen Korb, sagst du dir. Das wäre das Schrecklichste, was passieren könnte. Diese Demütigung möchtest du dir ersparen, klar!

Es stimmt schon: Um jemanden anzusprechen, braucht man eine gehörige Portion Mut. Aber du hast ja nichts zu verlieren, sondern kannst nur gewinnen – den Jungen nämlich. Wenn du Angst hast, direkt auf ihn zuzugehen, dann übe das erst einmal mit Menschen, die dir nicht so wichtig sind: im Bus, im Kaufhaus, im Café oder auf einer Veranstaltung. Frag sie nach der Uhrzeit, nach dem Weg, nach Wechselgeld. Auch wenn du das alles weißt oder hast, sieh es als persönlichen Test für dich.

Du wirst sehen, dass die meisten Menschen freundlicher sind, als du es erwartest. Und wenn das gut klappt, dann versuch es mit jemandem, der dir gut gefällt. Diesem Jungen eben, der dir nicht mehr aus dem Kopf geht.

WAS SOLL ICH TUN, WENN ICH IHN ANSPRECHE UND DABEI ROT WERDE?

Es tut jedem Menschen weh, wenn er zurückgewiesen wird. Vor allem dann, wenn er sich zu etwas überwunden hat und über seinen Schatten gesprungen ist. Es kostet viel Mut und Energie, mit einem fremden Menschen Kontakt aufzunehmen, weil man nicht weiß, wie er darauf reagieren wird. Besonders aufregend wird es, wenn man kribbelige und intime Gefühle für den anderen empfindet.

Ist seine Reaktion anders als erwartet, kann es sein, dass man vor Scham rot wird. Doch das ist nicht so schlimm, wie du es empfindest. Ihm würde es wahrscheinlich ähnlich ergehen, wenn er die Initiative ergriffen hätte. Am besten wäre, du sprichst es direkt aus: »Jetzt werde ich total rot, das ist mir peinlich.« Damit zeigst du dich selbstbewusst und nimmst ihm die Möglichkeit, dich deshalb zu veräppeln. Man weiß ja nie …

22

Ilona (14):
»Ich habe allen Mut zusammengenommen und den Jungen angesprochen, den ich so süß finde. Er hat mich nur groß angeschaut und gesagt: ›Jetzt kommt mein Bus, ich muss weg!‹ Mir ist ganz heiß geworden, mein Gesicht lief rot an. Mir war das sooo peinlich. Wenn ich ihn jetzt sehe, ist das ziemlich doof. Er dreht sich immer gleich weg, wenn ich komme.«

Für den Jungen kam es sehr überraschend, dass du ihn angesprochen hast. Außerdem war es eine unglückliche Situation: Er wollte seinen Bus erwischen. Dass er sich jetzt wegdreht, wenn er dich sieht, kann sowohl ein Zeichen seiner eigenen Unsicherheit sein als auch eines dafür, dass er kein wirkliches Interesse an dir hat. Jungen haben mit solchen Situationen oft viel mehr Probleme als Mädchen und ziehen sich dann in sich selbst zurück.

Überlege, ob du noch einen Versuch starten willst – aber möglichst nicht an der Bushaltestelle, sondern bei einer anderen Gelegenheit. Bedenke auch, dass du vielleicht eine rigorose Abfuhr bekommen könntest. Wie wichtig ist er dir? Gibt es vielleicht noch einen anderen Jungen, der dir gefällt? Wahrscheinlich wäre es besser, wenn du dich umorientieren würdest, denn es lässt sich nichts erzwingen.

VERGEBE ICH MIR ETWAS, WENN ICH IHN ANRUFE, UM AN IHN RANZUKOMMEN?

Das Telefon kann eine gute Hilfe sein, wenn du an ihn rankommen willst und dich einfach nicht traust, ihn persönlich anzusprechen. Denn eine Zurückweisung von Angesicht zu Angesicht trifft dich wahrscheinlich viel mehr als eine per Telefon. Wenn du nur auflegen bzw. den Knopf drücken musst, dann ist das eben anonymer und nicht so demütigend, was im Ernstfall leichter zu ertragen ist. Auch ein Versuch per SMS könnte sich lohnen.

Doch du überlegst hin und her, ob du es wirklich wagen sollst, seine Nummer zu wählen. Du willst ihm nicht zeigen, dass du vor Sehnsucht fast vergehst. Und schon gar nicht willst du vor dir selbst zugeben, dass du so »schwach« bist, dass du es nicht länger aushältst, ihn nicht anzurufen. Er soll ja nicht glauben, dass du etwas von ihm willst! Das würde dich verletzbar machen und vielleicht ein Freibrief für ihn sein, mit dir zu spielen, weil er dann denkt: »Die läuft mir ja nach!« oder »Die will mich!«

Es wäre dir sowieso viel lieber, wenn er bei dir anrufen würde. Gegenfrage: Würdest du ihn dann für einen Schwächling halten? Würdest du mit ihm machen, was du von ihm befürchtest? Hab also keine Angst, dass du dir etwas vergibst, wenn du die Initiative ergreifst und dich bei ihm meldest. Mit einem Anruf – selbst, wenn er nicht das erwünschte Echo findet – verlierst du nicht gleich an Selbstwert.

Tatsache ist: Wenn keiner sich etwas vergeben will, dann versickert möglicherweise eine große Chance. Wenn du also etwas willst, dann nimm es auch in die Hand, anstatt abzuwarten, bis es sich von selbst erledigt. Das Glück kommt nicht von ganz allein, es braucht oft einen kleinen Schubs.

Auch das ist möglich

Die Sache in die Hand zu nehmen, ist für moderne Mädchen von heute nichts Außergewöhnliches. Doch leider handeln viele Jungen und Männer noch wie ihre Großväter, ihre psychische Grundstruktur hat sich im Gegensatz zu der von Mädchen und Frauen nicht sehr verändert. Viele haben nach wie vor das Bedürfnis, ein Mädchen zu erobern und nicht selbst erobert zu werden. Das mag altmodisch und museumsreif klingen, ist aber beim männlichen Geschlecht immer noch weitverbreitet.

Wenn du dich als Erste meldest, denkt er womöglich: Die will mich – und schon bist du ein kleines bisschen uninteressant für ihn. Instinktiv spürst du das und hast deshalb auch zu Recht Bedenken, dir mit deinem Anruf etwas zu vergeben. Es kann also bei einem bestimmten Typ von Jungen tatsächlich besser sein abzuwarten, bis er sich meldet. Du musst selbst entscheiden, welchen Weg du gehen willst.

Wenn du trotzdem schnellstmöglich wissen willst, wo du dran bist bei ihm, dann bleib cool, fädle es geschickt ein, und tauche »ganz zufällig« auch dort auf, wo er sich aufhält.

WORAN ERKENNE ICH, DASS ER IN MICH VERLIEBT IST?

Wenn sich ein Junge in dich verliebt, steht er nicht weniger unter »Liebesstress« als du. Er will ebenso wenig etwas falsch machen wie du, und er will sich auch nichts vergeben. Deshalb ist es oft so schwierig, bis man sich endlich findet.

Lukas (16):
»Ich habe jedes Mal Angst, wenn ich mich verliebe. Davor, dass ich dem Mädchen nicht gut genug bin, dass ich beim Sex versage und dass sie mich gleich total vereinnahmen will. Ich habe auch Angst, dass sie mir von ihrem Ex erzählt – das will ich gar nicht wissen. Aber ich habe auch Angst, dass sie mir so gut gefällt, dass ich ohne sie nicht mehr sein kann.«

Was Lukas beschreibt, gilt für sehr viele Jungen. Ihre Sorgen sind sicher anders geartet als die von Mädchen, aber es sind mindestens genauso viele. Sie zweifeln an sich und haben Herzklopfen – manche Jungen leiden darunter sogar mehr als Mädchen. Aber wenn einer wirklich verliebt in dich ist, dann wird er sich die Hacken ablaufen, um dich zu erobern. Er wird sich mit dir treffen wollen, mit dir durch die Stadt bummeln und in Läden für Frauenklamotten gehen, sich mit dir im Kino Liebesfilme ansehen oder gar ein Konzert besuchen, das ihn normalerweise nicht besonders interessiert. Wenn er dies oder anderes tut, was bisher nicht zu seinen bevorzugten Freizeitbeschäftigungen gehörte, dann ist er in dich verliebt.

DENKEN JUNGEN SCHON BEIM KENNENLERNEN AN SEX?

»Männer wollen immer nur das eine« – diesen Spruch hast du sicher schon mal gehört. Da ist auch etwas Wahres dran – und dennoch gibt es immer Ausnahmen. Jeder Mensch ist schließlich ein Individuum, Frauen wie Männer. Man kann nie alle über einen Kamm scheren. Es kommt immer auf den Einzelnen an, den du dir natürlich auch genau anschauen solltest, bevor du dich ganz auf ihn einlässt. Das erspart Enttäuschungen. Schüchterne Jungen gehen meist ganz anders vor als solche, die davon überzeugt sind, dass sie sowieso jede haben können. Doch der Gedanke an Sex ist bei beiden gleichermaßen schnell da.

Chiara (14):

»Eigentlich habe ich gedacht, dass Sebastian in mich verliebt ist. So wie ich eben auch in ihn. Aber schon beim ersten Treffen zu zweit fasste er unter mein T-Shirt und in meinen Slip. Ich fand das ein bisschen zu schnell und fühlte mich gedrängt. Das verstand er gar nicht. Jetzt will er nichts mehr von mir wissen und erzählt, ich sei eine blöde Zicke.«

Laut Umfragen der Weltgesundheitsorganisation (WHO) denken Jungen und Männer alle acht Minuten an Sex. Mädchen und Frauen pro Tag nur dreißig Mal. Du kannst also fast sicher davon ausgehen, dass der Junge, der ein Auge auf dich geworfen hat, auch an Sex denkt. Das bedeutet aber nicht, dass er gleich konkrete Pläne schmiedet, wie er dich am schnellsten rumkriegen kann. Es bedeutet nicht einmal, dass er es je versuchen wird. Es bedeutet nur, dass Jungen und Männer darauf programmiert sind, Mädchen und Frauen erst einmal erotisch einzuschätzen.

Die erste Frage, die er sich stellt, lautet also meist: »Ist sie sexuell für mich interessant?« Dies denkt er, bevor er dir seinen Namen nennt und dir die Hand gibt. Auch wenn er gerade mit einem anderen Mädchen fest zusammen ist. Er tut dies jedoch nicht bewusst. Er ist so.

Ob du ein interessantes, kluges und patentes Mädchen bist, fragt er sich erst danach. Erst mal ist wichtig für ihn: »Mit der würde ich!« oder »Mit der würde ich nie!« Das sind die ersten, nicht aber die letzten und alleinigen Kriterien, aber zunächst einmal die wichtigsten.

ICH DENKE NUR NOCH AN IHN UND KANN NICHTS ANDERES MEHR TUN. IST DAS NORMAL?

Wer bis über beide Ohren verliebt ist, steckt voller Glückshormone, im Fachjargon »Endorphine« genannt. Sie sorgen für die Hochstimmung, für das wunderbare Glücksgefühl. Aber diese morphiumähnlichen Substanzen machen auch abhängig. Kein Wunder also, dass jemand, der sich gerade im Liebesrausch befindet, wie verrückt hinter der einen Person her ist und nur noch daran denkt, mit ihr zusammen zu sein. Verliebt sein kann süchtig machen, und gleichzeitig wird die Rationalität, das klare Denken, oft stark beeinträchtigt. Du hast nur noch ihn im Kopf, alles dreht sich um Gefühle, ein Nachdenken findet nicht mehr statt. Wird die Liebe nicht erwidert, verletzt das oft sehr und macht traurig.

 Kleines Hilfsprogramm, damit du auch mal wieder an etwas anderes denken kannst als an ihn:

❋ Schau keine TV-Serien über Liebesglück oder Liebesleid an. Dabei werden nur Wünsche und Zweifel geweckt, die ausschließlich mit den Fernsehfiguren zu tun haben – und gar nichts mit dir.

❋ Geh viel raus, und mach alles Mögliche mit Freundinnen. Das lenkt dich ab und holt dich vom siebten Himmel auf den Boden der Realität zurück. Und die hat ja schließlich auch schöne Seiten.

❋ Bewegung hilft, den Kopf ein bisschen freizubekommen. Wer immer nur in seinem Zimmer sitzt, grübelt und träumt, versäumt eine ganze Menge.

❋ Tu etwas, was deine Konzentration fordert und sichtbaren Erfolg hat. Wäre es nicht mal wieder an der Zeit, dein Zimmer aufzuräumen oder die Klamotten zu sortieren?

✳ Sprich nicht ständig mit Freunden über ihn, sonst drehen sich deine Gedanken bald nur noch im Kreis.

✳ Starre nicht immer aufs Telefon, weil er noch nicht wieder angerufen hat. Gib ihm etwas Zeit, er muss ja seine Gefühle auch erst einmal ordnen.

WARUM WECHSELT MEINE STIMMUNG STÄNDIG: LIEBT ER MICH WIRKLICH ODER NICHT?

Die Liebe zwischen dir und ihm ist noch ganz frisch. Heute bist du dir ganz sicher, dass er dich genauso sehr liebt wie du ihn, aber morgen hast du wieder Zweifel und die Angst, es könnte schon wieder vorbei sein, ehe es angefangen hat. Du möchtest dein Glück am liebsten anketten, es nicht mehr loslassen. Doch genau damit würdest du einen großen Fehler machen.

Ein Junge, der das Gefühl hat, dass er total vereinnahmt wird, macht sich dünn. Das heißt: Er zieht sich von dir zurück, weil er sich seiner Freiheit beraubt sieht. Achte also darauf, nicht zu sehr zu klammern. Lass ihn auch mal etwas alleine oder mit seinen Freunden unternehmen. Das heißt nicht, dass er dich weniger liebt.

Je lockerer du dich ihm gegenüber verhältst, desto eher wird er das Bedürfnis haben, mit dir zusammen sein zu wollen. Eine Beziehung zwischen zwei Liebenden muss sich erst entwickeln, das dauert eine Weile. Es ist auch nichts Außergewöhnliches, wenn ein Partner sich seinen Gefühlen schneller hingeben kann als der andere. Das erzeugt natürlich Stimmungsschwankungen – bei dir, aber auch bei ihm. Denn sicher gibt es auch einiges, was ihm an dir noch fremd ist und ihn fragen lässt: Liebt sie mich wirklich – oder vielleicht doch nicht? Das ist ganz normal und kein Grund zur Beunruhigung.

29

Viel brisanter wäre es, wenn du selbst Zweifel hättest, ob du ihn wirklich so liebst, wie du anfangs dachtest. Wenn auch er solche Gedanken hegt, solltet ihr unbedingt miteinander sprechen und alles klären, damit keiner von euch beiden im Ernstfall zu sehr leidet. Denn je länger eine Beziehung dauert, desto härter ist es, wenn sie scheitert. In der Anfangsphase kommen beide in der Regel noch einigermaßen unbeschadet davon.

HABE ICH EINE CHANCE, WENN ER GERADE MIT EINER ANDEREN ZUSAMMEN IST?

Gehörst du zu den Mädchen, die sich ausgerechnet immer in den Jungen vergucken, der schon vergeben ist? Damit hast du eine der schwierigsten Ausgangspositionen gewählt. Horch in dich hinein, und sei ganz ehrlich zu dir: Muss es wirklich der sein, der gerade so unerreichbar ist? Oder gibt es nicht noch andere Jungen, die auch deinem Geschmack entsprechen, aber zu haben sind?

Die Chance, ihn trotzdem zu bekommen, mag vielleicht gar nicht so schlecht sein. Denn mit deinen Bemühungen schmeichelst du natürlich seiner Eitelkeit, sodass er die Gelegenheit möglicherweise nutzt und dich

mitnimmt auf seine Achterbahnfahrt der Gefühle. Aber du solltest dir nicht vormachen, dass er sich sofort für dich entscheidet, auch wenn er mal mit dir ins Kino geht, dich küsst oder gar intim wird. Es gibt durchaus Jungen, denen es gefällt, wenn ein Mädchen um sie buhlt und um ihre Zuneigung ringt. Sie selbst sehen darin aber vielleicht nur ein Abenteuer. Darüber solltest du dir auf jeden Fall im Klaren sein.

Dazu kommt, dass du mit Problemen rechnen musst, wenn seine Freundin herausbekommt, dass du ihn ihr ausgespannt hast. Mal ehrlich: Du wärst ja auch sauer, wenn ein anderes Mädchen dir den Freund ausspannen würde. Leider schieben in so einem Fall meist die Mädchen (und später die erwachsenen Frauen) einander die Schuld zu und kämpfen um ihn. Dass der Junge (später dann der erwachsene Mann) aber eigentlich derjenige war, der sich verführen ließ und untreu wurde, geht dabei oft unter. Im Gegenteil: Dieses Verhalten der beiden Mädchen bestätigt den Jungen womöglich. Er kann sich als umschwärmter Frauenheld fühlen, was durchaus schmeichelhaft für ihn ist und zur Wiederholung verleitet.

Zum Glück gibt es auch eine Menge Jungen, die ihrer Freundin treu sind und sich nicht gleich den Kopf verdrehen lassen, wenn eine andere Interesse signalisiert. Das solltest du respektieren. Es ist ein Zeichen dafür, dass er zu seiner Freundin steht und er sich für sie entschieden hat.

Einer, bei dem du relativ unkompliziert landen kannst, obwohl er in festen Händen ist, wird es mit dir wahrscheinlich irgendwann nicht anders machen. Und dann wärst du das Mädchen, das weint und verletzt ist. Denke also lieber zwei Mal darüber nach, ob du dieses Spiel wirklich spielen willst.

WIE SOLL SICH EIN MÄDCHEN VERHALTEN, WENN SICH EIN JUNGE IN SIE VERLIEBT HAT, SIE ABER GAR NICHTS VON IHM WILL?

So schön es ist, wenn man umworben wird, so sehr kann es auch auf die Nerven gehen. Vor allem dann, wenn der Falsche für dich schwärmt. Schwierig wird es, wenn der Junge nicht von selbst merkt, dass du kein Interesse hast, und weiterhin versucht, bei dir zu landen. Dann bist du gefordert und musst die Sache klarstellen.

Ariane (14):
»Ein Junge aus unserer Schule hat es auf mich abgesehen. Er will immer, dass ich mich hinten auf sein Fahrrad setze, schenkt mir CDs und hat mich auf einer Party gefragt, ob ich mit ihm gehen will. Er ist schon 16 und sieht auch ganz gut aus. Aber ich will ihn eigentlich nicht als festen Freund haben, weil mir ein anderer viel besser gefällt. Wie soll ich ihm das sagen?«

Nutze eine günstige Gelegenheit, in der du mit dem Jungen alleine bist, und sage ihm ehrlich und mit viel Fingerspitzengefühl, dass du ihn zwar sympathisch findest, aber darüber hinaus nichts mit ihm anfangen willst. Stell dir dabei vor, wie es wäre, wenn dir ein Junge, auf den du total stehst, so etwas sagen würde. Das trifft immer voll ins Herz, und deshalb ist es so wichtig, dass du nicht arrogant und schnippisch auftrittst und sein Selbstwertgefühl nicht verletzt.

In jedem Fall ist es besser, die Karten auf den Tisch zu legen, als ihn hinzuhalten und ihm etwas vorzugaukeln. Er hat auch ein Recht darauf, dass du dich ihm gegenüber fair verhältst.

Falls es dir aber zu schwer fällt, die Wahrheit zu sagen, dann ist auch mal eine kleine Notlüge erlaubt, die allerdings hieb- und stichfest sein sollte. Wenn er nämlich merkt, dass du geflunkert hast, würde ihn das erst recht verletzen. Im Zweifelsfall fährst du mit Ehrlichkeit ohnehin immer besser.

IST EIN JUNGE ANDERS VERLIEBT ALS EIN MÄDCHEN? WAS FÜHLT ER?

So unterschiedlich Mädchen und Jungen in vielen Bereichen des Lebens agieren, so unterschiedlich sind sie auch, wenn sie sich verlieben. Sie fühlt sich im siebten Himmel, könnte Bäume fällen und die Welt umarmen, obwohl sie ihn noch gar nicht besonders gut kennt. Er dagegen behält das oft still und leise für sich, kann nicht richtig zeigen, ob und wie verliebt er in sie ist. Dennoch fühlt er sich sehr geschmeichelt, wenn sie ihm das Gefühl gibt, dass er ihr alles bedeutet.

Julia (15):
»Ich bin total verliebt in Dominik, weiß aber nicht genau, ob es ihm auch so geht. Wenn ich ihn frage, dann sagt er immer nur ja, ja ... Aber ich wünsche mir so sehr, dass er mir auch mal richtig sagt, dass er mich toll findet. Warum tut er das nicht?«

Während viele Mädchen überlegen, ob sie ihrem Traumprinzen gefallen, und oft schon in ihrer Fantasie große Zukunftspläne schmieden, beschäftigt es einen verliebten Jungen vor allem, wie es mit ihr wohl beim Sex wäre und wie sehr eine feste Freundin sein Leben verändern könnte.

Aber Veränderungen machen ihm Angst und bedeuten Unsicherheit. Er verhält sich wie in einer fremden Stadt, in der er sich nicht auskennt, aber auch nicht nach dem Weg fragt, und lässt es offen, wo er am Ende landet. Anderenfalls würde er sich selbst als unmännlich wahrnehmen. Eine gewisse Verwundbarkeit einzugestehen, wäre für Jungen und Männer sehr schlimm. Deshalb geben sie sich lieber beinhart oder nehmen angeberisch den Mund voll, als zuzugeben, dass sie auch etwas empfinden und Herz und Seele haben. Das ist schade, aber ein wesentlicher Charakterzug des männlichen Geschlechts – und vor allem einer, der Männer eklatant von Frauen unterscheidet.

Zum Glück gibt es Ausnahmen: nämlich die Jungen, die keine Probleme haben, ihre Gefühle zu zeigen, und die nicht gleich fürchten, damit »weibisch« zu wirken. Aber im Allgemeinen solltest du nicht überrascht sein, wenn er sich eher zurückhaltend gibt und sich nicht klar äußert. So sind sie eben.

WARUM SIND JUNGS OFT SO UNROMANTISCH?

Viele Jungen und Männer halten Romantik für schwülstig, für Kitsch. Gut möglich, dass das eine Art Selbstschutz davor ist, ja nicht einen Funken zu viel in eine neue Liebe zu investieren. Doch bei genauerem Hinsehen sind sie gar nicht so unromantisch, wie sie tun.

Denn wer sich relativ desorientiert in eine Beziehung hineinfallen lässt und hofft, dass alles gut geht – was bei sehr vielen Jungen der Fall ist –, der muss eine gute Portion Romantik mitbringen. Im Grunde sogar mehr als Mädchen, die gerne alles genau abchecken und am liebsten Garantien dafür hätten, wie alles ihrer Meinung nach ablaufen soll.

Miriam (16):

»Seit drei Monaten bin ich jetzt schon mit Sven zusammen. Wir lieben uns, aber trotzdem lässt er mich sehr oft allein, weil er tausend andere Dinge vorhat. Sein Sport und seine Freunde sind ihm oft wichtiger als ich. Wenn ich sage, dass ich mehr mit ihm unternehmen will, dann meint er, ich solle lieber auch etwas für mich machen. Wir müssten doch nicht immer zusammen herumhängen. Aber wenn man sich liebt, will man doch so viel Zeit wie möglich miteinander verbringen. Ist das denn so ungewöhnlich?«

Verliebte Mädchen und Frauen sind meist euphorischer und zeigen sich engagierter als Jungen und Männer. Das haben auch Verhaltensforscher herausgefunden. Während sie alles tut, damit die Beziehung kuschelig-schön ist und bleibt, scheint er froh zu sein, wenn die Phase der Verliebtheit, des Werbens um das Mädchen vorbei ist und er wieder seine Ruhe hat. Die Kuh ist vom Eis, die Jagd nach der Traumfrau vorbei, jetzt will er wieder seinen alten Hobbys nachgehen.

Dennoch: Das ist ein Zeichen einer gewissen inneren Unruhe; denn er hat auch ein bisschen Angst vor dem Leben, das jetzt mit ihrem vereint werden soll. Er hofft, dass er sich selbst dabei nicht ganz aufgeben muss, und baut darauf, dass sie ihr eigenes Leben behält und er nicht plötzlich dafür zuständig ist, ihre Vorstellungen von Glück erfüllen zu müssen.

Tatsache ist, dass Jungen sich lieber noch mal ans sichere Ufer zurückziehen, auch wenn die Liebe sie bereits fest im Griff hat. Die Angst vor der Abhängigkeit von dem Mädchen, dass er ohne sie womöglich nicht mehr sein könnte, dass sie ihn

mal verlassen könnte – all das macht ihn vorsichtig und unberechenbar. Diese Furcht in der ersten Zeit der Verliebtheit kannst du ihm nicht nehmen, er würde sie wahrscheinlich auch nie zugeben.

Er misst die Liebe gern nach dem, was er empfindet, wenn sie nicht da ist. Ist sie zu nah, wird es ihm zu eng. Geht sie, verliert er sich. Einerseits badet er sich in dem Gefühl, geliebt zu werden. Andererseits weiß er nicht, ob er dem Ganzen wirklich trauen soll. Denn er weiß instinktiv: Die, die ich liebe, hat auch Macht über mich. Ein Gedanke, der Jungen meist nicht gefällt.

Die großen Fragen, die sich ein verliebter Junge (und auch der erwachsene Mann) instinktiv ganz heimlich stellt, lauten: Wie kann ich ein Mädchen lieben, ohne meine Unabhängigkeit zu verlieren? Wie kann ich die Distanz, die ich brauche, um mich nicht zu verlieren, halten und trotzdem ihre Nähe genießen?

Du siehst also, dass Verliebtsein für einen Jungen gar nicht so einfach ist. Das ändert sich auch später nicht. Fast jeder Mann kämpft mit sich, wenn eine neue Frau in sein Leben tritt. Dennoch klappt es erst einmal immer wieder – irgendwie.

KUSCHELN JUNGS NUR, WEIL SIE HOFFEN, DASS ES DANN ZUM SEX KOMMT?

Vorab gleich die nackte Wahrheit: Ja, er hofft natürlich, dass es nach dem Kuscheln zum Sex kommt. Er nimmt das Kuscheln überhaupt nur in Kauf, weil er weiß, dass Mädchen darauf stehen und sonst überhaupt nichts passiert. »Kuscheln + Streicheln + Zärtlichkeit = Vorspiel« – so lautet seine

Formel, gegen die kaum eine Frau ankommt. Und nach dem Vorspiel will er natürlich mehr. Das ist für ihn eine Selbstverständlichkeit.

Wenn du also noch nicht bereit bist für richtigen Geschlechtsverkehr, sag ihm das am besten vorher. Anderenfalls könnte es sein, dass er sich getäuscht fühlt und sauer ist. Es gibt auch eine Menge Jungen, die dafür Verständnis haben und eben bis zum nächsten oder übernächsten Mal warten. Ab dann musst du allerdings damit rechnen, dass sie nervös und ungehalten werden, wenn nichts passiert. Am besten ist es, wenn ihr offen miteinander über das Ganze redet. Wenn er weiß, wie du dich fühlst, welche Bedenken du hast, dann lässt sich vieles regeln.

Anke (15):
»Eigentlich habe ich gedacht, dass Andy mich wirklich liebt. Aber als ich vor Kurzem mit ihm Petting hatte und er dann mehr wollte, bekamen wir plötzlich Streit. ›Meinst du, ich streichel dich umsonst stundenlang?‹, fragte er wütend. ›So einen Spaß macht mir das wirklich nicht!‹ Ich kam mir richtig benutzt vor und musste weinen. Daraufhin nahm er seine Jacke und ging. Ich bin sehr enttäuscht. Wenn das so ist mit Jungs, dann habe ich jetzt schon keine Lust mehr auf all das.«

Auch wenn es für die meisten Mädchen und Frauen nicht nachvollziehbar ist: Ein Junge oder ein Mann wird nie verstehen können, warum seine Partnerin eigentlich so viel Wert auf Kuscheln ohne Sex legt. Er fragt sich: Warum ist sie schon wieder nicht in Stimmung? Ist sie zu müde oder zu faul? Was ist bloß los mit ihr? Warum kriegt sie beim Kuscheln nicht automatisch Lust auf Sex? Das ist doch nicht normal!

Er will im Grunde so schnell wie möglich zur Sache kommen. Petting und Kuscheln, das ist für ihn nichts anderes als eine lästige und nötige Einleitung, damit sie sich nicht gleich verweigert. Es macht ihm oft wenig Spaß, sie zu streicheln, einzustimmen, liebevoll zu massieren. Er tut es, weil er ein Ziel hat: Sex. »Das ganze Drumherum ist nichts als Stress mit ungewissem Ausgang«, sagen viele Jungen übereinstimmend.

Dass Mädchen nach dem Petting einfach aufstehen und z. B. den Fernseher anschalten können, begreifen sie nicht. Tatsächlich ist es auch so, dass sie dabei hauptsächlich daran denkt, dass sie keine Lust auf mehr hat und seine Erektion und Befindlichkeit dabei außer Acht lässt. Auch im Hinblick darauf wäre es fair, wenn du offen mit ihm sprechen würdest, anstatt ihn in so einer Situation einfach ins Leere laufen zu lassen.

DARF ICH IHM EINEN KOSENAMEN GEBEN, ODER FINDET ER DAS DOOF?

Generell findet er einen Kosenamen lächerlich und auch unmännlich. Er nimmt ihn aber oft hin, weil er einen Konflikt noch mehr scheut als den Kosenamen. Mit »Schatz« können viele Jungen gut leben, aber wenn es dann verniedlicht wird zum »Schatzi«, könnte es schon problematisch sein. »Dicker« oder »Süßer« sind grenzwertig und eher nicht für den öffentlichen Gebrauch geeignet.

Sehr unbeliebt bei Jungen sind Kosenamen aus dem Tierreich wie »Hase« bzw. »Hasilein«, »Mausi« bzw. »Mausilein« oder »Schnecki« bzw. »Schnecki-lein«, da es sich ja meist um harmlose Tiere handelt, die keiner fürchtet. Auch der gar nicht so ungefährliche Bär wirkt recht harmlos und nur noch tapsig, wenn ein »Bärle« oder ein »Bärchen« daraus wird.

Vor allem wenn du ihn vor anderen so nennst, würde er am liebsten unter den Tisch kriechen, weil er damit jedes Mal ein kleines Scheibchen seiner Männlichkeit zu verlieren glaubt. Erst wird er vielleicht gute Miene zum unerwünschten Spiel machen, aber danach könnte es durchaus sein, dass er dir mitteilt: »Wenn du noch einmal vor allen Leuten ›Hase‹ zu mir sagst, dann bin ich weg.«

Überlege gut, welchen Kosenamen du ihm geben willst, und frage ihn, ob er damit auch einverstanden ist. Da jeder Junge einen Vornamen hat, wäre es ohnehin am besten, ihn so zu nennen, wie er eben heißt. Selbst wenn er sich dir zuliebe mit einem »Hasi« oder Ähnlichem zufriedengibt, dann sei so taktvoll und vermeide es, ihn öffentlich so zu rufen. Wie ihr beide euch nennt, wenn ihr zu zweit seid, ist eine andere Sache. Aber vor anderen willst du den Jungen, den du liebst, ja sicher nicht zur Witzfigur machen.

2. GEFUNKT! WIR SIND EIN PAAR!

WAS TUN, WENN MEINE ELTERN ETWAS GEGEN IHN HABEN?

Du bist total glücklich und könntest die ganze Welt umarmen. Jede freie Minute willst du mit ihm verbringen. Alles dreht sich nur noch um deinen Freund. Die Schule, deine Eltern, deine Hobbys – all das ist unwichtig geworden. Das Einzige, was für dich zählt, ist: Du bist verliebt!

Da hat es dir gerade noch gefehlt, dass deine Mutter dich daran erinnert, dass du deine Hausauf-gaben erledigen oder dein Zimmer auf-räumen sollst. Und dann noch das – sie hat etwas gegen deinen Freund! »Seit du mit dem zusammen bist, tust du überhaupt nichts mehr! So geht das nicht!«, schimpft sie. »Und überhaupt bist du noch viel zu jung für so etwas! Dieser Junge ist nichts für dich, er lenkt dich nur von der Schule ab!«

Was du jetzt erlebst, ist nicht nur für dich völlig neu und aufregend, sondern auch für deine Eltern. Sie wollen nur das Beste für dich und würden dich am liebsten vor allem bewahren, was dir wehtun könnte. In dem Moment, in dem du dich nach außen orientierst, sie nicht mehr deine zentrale Anlaufstelle sind, sondern diese Rolle teilweise ein Junge übernimmt, fürchten sie, dich ein Stück weit zu verlieren. Während du dich so schnell wie möglich von zu Hause freischaufeln willst, würden sie am liebsten an dir festhalten und dich weiterhin behüten wie ein kleines Kind.

Die Phase, in der ihr Kind sich immer mehr auf das andere Geschlecht konzentriert, ist für Eltern sehr schwierig. Sie müssen jetzt endgültig loslassen – und das ist nicht leicht und führt meist zu Konflikten. Hab also ein bisschen Geduld mit ihnen! Sie kämpfen mit sich und sind nur ein bisschen eifersüchtig, dass da plötzlich ein Junge ist, dem du deine Liebe schenkst, die früher immer alleine ihnen gehörte. Vor allem Mütter haben damit oft große Probleme. Doch all dies ist normal und gehört zum natürlichen Abnabelungsprozess.

Es sollte dich auch beruhigen, dass deine Eltern ein wachsames Auge haben und sich für das interessieren, was du tust. Das gibt dir auch Sicherheit und Rückhalt, immer mehr auf eigenen Beinen zu stehen. Dazu kommt, dass sie nach wie vor auch die Verantwortung für dich haben und deine Erziehungsberechtigten sind, bis du 18 bist.

So kann es sein, dass dir das Gesetz etwas erlaubt, aber deine Eltern verbieten es, weil sie fürchten, dass es schlecht für dich ist. Dann gilt für dich das, was deine Eltern sagen. Ein Beispiel: Du und dein Freund seid beide 15. Nach dem Gesetz dürft ihr eigentlich miteinander schlafen. Aber deine Eltern verbieten es dir, weil sie glauben, dass du noch nicht reif dafür bist. Willst du trotzdem ihre Erlaubnis, musst du mit ihnen verhandeln.

(s. auch Abschnitt: »Sex mit einem Jungen oder einem anderen Mädchen: Warum gibt es ein Schutzalter? Was ist verboten, was ist erlaubt?«, S. 69)

Aber: Eltern haben auch eine Erziehungspflicht! Das heißt: Sie sollen dich mit zunehmendem Alter zu mehr Selbstständigkeit erziehen und müssen dir im Lauf der Zeit auch mehr erlauben. Deshalb können sie dir z. B. mit 16 oder 17 nicht mehr einfach so verbieten, dass du mit deinem Freund schläfst. Tun sie es trotzdem, brauchen sie dazu schon schwerwiegende Gründe. Argumente wie »Du bist noch zu jung für Sex!« oder »Ich hatte mein erstes Mal auch erst mit 18!« reichen da nicht aus.

Wenn deine Eltern dir deinen Freund nicht erlauben, musst du selbst entscheiden, ob du dich trotzdem mit ihm triffst und Ärger mit ihnen riskierst. Kluge Eltern wissen jedoch, dass sich Liebe in der Regel nicht verbieten lässt und du dann heimlich tust, was du eigentlich nicht darfst. Deshalb ist es immer besser, wenn deine Eltern sich dir gegenüber so offen zeigen, dass du mit ihnen auch darüber sprechen kannst.

Zusammengefasst: Es hat also meist sehr viele Gründe, wenn deine Eltern etwas gegen deinen Freund haben, aber es muss nicht immer direkt etwas mit dem Jungen zu tun haben, in den du gerade verliebt bist. Jeder andere, der in dein Leben getreten wäre, hätte bei deinen Eltern wahrscheinlich erst einmal genauso wenig punkten können, weil er sich in ihren Augen in die bestehende Beziehung zwischen dir und ihnen »einmischt«.

Auch wenn du die Ermahnungen deiner Eltern als nervig und uncool empfindest, in deinem eigenen Interesse solltest du trotz aller Verliebtheit nicht alles andere vergessen. Sieh es so, du kannst jetzt lernen, zwei wichtige Dinge in deinem Leben unter einen Hut zu bekommen: die Liebe und die Schule. Das ist eine gute Übung, denn das ist später im wirklichen Leben auch so. Und beides ist durchaus gut miteinander vereinbar. Mach dir einen klaren Plan, wie viel Zeit du für die Schulaufgaben aufwendest und wann du dich mit deinem Freund triffst. Halte dich konsequent daran.

Wenn deine Eltern sehen, dass du verantwortungsvoll mit deinen täglichen Aufgaben umgehst, werden sie sicher auch nichts mehr gegen deinen Freund haben.

Kann ich ihn so verändern, dass es zwischen uns perfekt klappt?

Wenn die erste große Verliebtheit nachlässt, siehst du deinen Traumboy mit klareren Augen als in der Anfangsphase. Plötzlich stellst du fest, dass es Dinge gibt, die dir nicht so gut gefallen, die dich an ihm stören. Dennoch willst du auf jeden Fall mit ihm zusammenbleiben. Du fragst dich: Was kann ich machen, damit er dies oder jenes nicht mehr tut? Wie kriege ich ihn so perfekt hin, dass wir keine Probleme miteinander haben?

Klare Antwort: Du kriegst ihn nicht hin. Denn er ist ein ganz eigener Mensch mit Vorzügen und Nachteilen – wie wir alle. Entweder nimmst du ihn so, wie er ist, oder du beendest die Beziehung. Natürlich kannst du ihm bestimmte dumme Angewohnheiten wie z. B. Unpünktlichkeit oder Vergesslichkeit im Laufe der Zeit etwas abtrainieren, aber an Grundsätzlichkeiten herumzudoktern, die seinen Charakter betreffen, bringt auf Dauer nichts. Es wird ihm irgendwann auf die Nerven gehen, und er wird in die Arme einer anderen flüchten, die ihn so akzeptiert, wie er ist.

Im Übrigen solltest du überlegen, ob er wirklich der Richtige für dich ist, wenn du ihn verändern willst. Auch viele erwachsene Frauen versuchen immer wieder, einen Partner nach ihrem Geschmack umzuerziehen, was einer Partnerschaft nicht guttut. Denn er lässt sich das in der Regel nicht lange gefallen, und sie stellt fest, dass man einen Mann höchstens ein bisschen beeinflussen, aber niemals so verändern kann, wie man selbst meint, dass es gut sei.

Es sind ja auch die kleinen Unterschiede, die eine Beziehung so prickelnd und spannend machen. Stell dir vor, er würde die Dinge immer genauso sehen wie du. Das würde doch schnell sehr langweilig werden. Ein Verhältnis zwischen zwei Liebenden lebt auch durch ständige positive Reibung und durch eine knisternde Spannung, durch die eine Verbindung auch wächst. Mit Streit hat das jedoch nichts zu tun.

Lass ihn also, wie er ist! Du fändest es sicher auch nicht gut, wenn er an dir herumdoktern würde und eine andere aus dir machen wollte.

ICH MACHE IHM SO OFT KLEINE GESCHENKE, WARUM BEKOMME ICH NIE ETWAS?

Janina (17):
»Ich bin total verliebt in Patrick (18). Um ihm das zu zeigen, schaue ich bei einem Stadtbummel immer, ob ich etwas finde, womit ich ihm eine Freude machen könnte. Mal gibt's ein Baseball-Käppi, mal eine Packung von seinen Lieblingskeksen. Wenn ich ihm das dann gebe, freut er sich und knuddelt mich. Eigentlich habe ich erwartet, dass er sich auch mal was Nettes für mich einfallen lässt. Doch darauf warte ich wohl vergebens.«

Solange du deinen Freund regelmäßig beschenkst, ist das für ihn ein Zeichen, dass du bedingungslos zu ihm stehst und alles für ihn tun würdest. Das gibt ihm Selbstvertrauen, er fühlt sich rundherum toll. Man könnte auch sagen: Du unterstützt damit ein gewisses »Gockel«-Verhalten.

 Er fühlt sich super in seiner Rolle und sonnt sich darin, weil er sich deiner sicher sein kann. Sein Unterbewusstsein signalisiert ihm: Die steht auf dich, die läuft dir nicht weg, um die musst du nicht kämpfen. Warum also sollte er dir kleine Geschenke machen? Das tust ja du –

also hat er es nicht mehr nötig. Männer denken sehr praktisch und einfach und nicht um mehrere Ecken, wie Frauen das gerne tun.

Du solltest aber überlegen, warum du ihm so oft kleine Geschenke machst. Um ihn zu halten, weil du glaubst, dass er auch ein anderes, hübscheres Mädchen haben könnte als dich? Um dich bei ihm einzuschmeicheln? Oder wirklich nur, um ihm eine Freude zu machen, ganz ohne Hintergedanken?

Es wäre besser, wenn du ihn etwas zappeln ließest. Das würde ihn fordern, und er müsste zusehen, dass du ihm nicht abhandenkommst oder einen anderen Jungen findest. Betrachte es als nettes Spiel, über das man nicht spricht, das aber in einer Beziehung eben dazugehört.

Im Übrigen ist es ein natürlicher Trieb in jedem Jungen bzw. Mann, um eine Frau zu kämpfen. Das liebt er, und das braucht er. Wiege ihn also nicht zu sehr in Gewissheit, auch wenn du Tag und Nacht nur an ihn denkst. Verkneife es dir ab und zu, ihm zu sehr deine Liebe zu zeigen. Dann bekommst wahrscheinlich auch du hin und wieder ein kleines Geschenk von ihm.

WIE KANN ER MEINEN GEBURTSTAG ODER UNSER LIEBESJUBILÄUM VERGESSEN?

Wenn dein Freund deinen Geburtstag vergisst, fühlst du dich zu Recht zurückgesetzt und beleidigt. Denn zwei, die sich lieb haben, vergessen so etwas nicht, sagst du.

Und trotzdem kommt es vor, dass ein Geburtstag im Trubel des Alltags untergeht. Dann solltest du ihm nicht gleich böse sein. Es kann nämlich sein, dass er das nicht für so wichtig hält oder es von zu Hause nicht gewöhnt ist, dass man einen Geburtstag oder ein Liebesjubiläum besonders

feiert. Dann kannst du ja mal versuchen, ihm das beizubringen, und sehen, ob es beim nächsten Mal klappt.

Wenn ein Junge an sein Mädchen denkt, dann spielen Geburtstag und Jubiläum meist keine große Rolle, das halten viele für Pipikram. Im Übrigen denken Mädchen meist mehr an ihren Freund und schmieden

heimlich große Pläne. Er dagegen nimmt die Dinge meist, wie sie sind, und zerbricht sich nicht gerne den Kopf über ungelegte Eier. Aber wie immer bestätigen Ausnahmen die Regel – nicht alle Jungen sind gleich.

WARUM SAGT ER SO SELTEN, DASS ER MICH LIEBT?

Schon als Kind lernen Jungen oft, dass es unmännlich ist, über Gefühle zu sprechen. Selbst wenn eine Mutter noch so bemüht ist, ihrem Sohn das Gegenteil zu vermitteln, sind sie langfristig so gepolt, ihr tiefstes Inneres für sich zu behalten. Mädchen dagegen haben von klein auf viel weniger Hemmungen, sich zu ihren Gefühlen zu bekennen und sich auch um die anderer Menschen zu sorgen. Das passt manchmal sehr schlecht zusammen, weshalb es in diesem Punkt häufig Probleme zwischen Frauen und Männern gibt.

Kathi (16):
»Eigentlich weiß ich gar nicht richtig, ob mein Freund Tom (17) mich wirklich liebt. Obwohl ich es mir so wünsche, sagt er es nie. Nur wenn ich ihn frage, ob er mich liebt, dann nickt er. Aber dass er einmal das ›Ich liebe dich‹ ausspricht, das habe ich noch nicht erlebt. Ich bin darüber sehr traurig und zweifle manchmal sogar daran, ob er es ehrlich meint.«

Es wurmt dich, dass du nicht zu hören bekommst, wonach du dich so sehr sehnst. So eine kleine Liebeserklärung würde dir guttun, dich aufbauen, dir die Bestätigung geben, dass du sein Supergirl bist und keine andere. Warum verweigert er dir das?

Frauen sammeln Komplimente, am liebsten haben sie ganz viele dieser süßen Beeren in ihrem Körbchen. Währenddessen ist der Mann als Jäger unterwegs. Er pflückt keine süßen Beeren, er beschränkt sich auf das Wesentliche und erlegt die Beute. Seine »Beute« bist du. Erst wenn er fürchtet, diese zu verlieren, wird er wieder aktiv.

Das heißt: Solange es für ihn keinen Grund zur Besorgnis gibt, hält er sich mit Liebeserklärungen zurück. Denn er liebt dich ja sowieso. Das ist doch klar, das musst du doch spüren. Wozu also soll er dir das immer wieder sagen? Er versteht gar nicht, warum das für dich so wichtig ist. Außerdem sagt er diese drei schönen Worte schon, wenn ihm danach ist.

Männer sagen nicht viel, wenn sie lieben. Sie tun es einfach. Zum Beispiel, indem er gerne mit dir kuschelt oder dir dein Fahrrad repariert. Das ist für ihn Liebe. Dazu braucht er keine Worte. Lass ihn also in Ruhe, und nerv ihn nicht dauernd damit, dass er dir »Ich liebe dich« ins Ohr flüstern soll. Genieße es, wenn er für dich da ist, denn das ist Liebe!

Was meint er, wenn er sagt: »Ich mag dich«?

Du spürst, dass er dich lieb hat, dich mag. Aber das reicht dir nicht. Du willst, dass er dich liebt. Doch was ist das genau? Die Frage stellst du dir auch. Wann liebt ein Junge dich wirklich und du ihn? Wann kann man zueinander aus tiefstem Herzen sagen: »Ich liebe dich«? Hier ein kleiner, amüsanter Blick über die verschiedenen Stufen der Liebe:

✳ Ich mag dich! Das ist die erste und leichteste Stufe. Es ist so ähnlich wie »jemanden sehr nett finden«. Man freut sich, wenn man den anderen sieht, aber man hat keine Sehnsucht nach ihm.

✳ Ich hab dich gern! Wenn er dir das sagt, bist du ihm auf jeden Fall wichtig. Er denkt öfter an dich, du vertraust ihm schon einiges an oder er dir. Gernhaben hat noch nichts mit der großen Liebe zu tun. Aber das könnte noch werden.

✳ Ich hab dich lieb! Ein sehr herzliches und wertvolles Gefühl. Aber leider auch schon ein sehr abgenutzter Spruch, denn nicht selten ist das in Internet-Foren zu lesen, oder eine Freundin schreibt dir das schnell mal per SMS. Ist nett gemeint, aber meist etwas übertrieben. Denn jemanden lieb haben heißt eigentlich: einen oder eine lieben, ohne das Gefühl zu haben, verliebt zu sein.

✳ Ich schwärm für dich! Das sagt man in der Regel nicht. Denn schwärmen kann man nur für jemanden, der unerreichbar ist, für einen Star, einen Lehrer oder eine Lehrerin. Wer schwärmt, liebt nicht wirklich, sondern träumt und wünscht sich etwas.

✳ Ich bin verknallt in dich! Da prickelt es bereits, du bist aufgeregt und empfindest Glücksgefühle. Einem Jungen geht es genauso. Wenn er dir das dann sagt, denkt er an dich und will dich näher kennenlernen.

✳ Ich bin verliebt in dich! Das kristallisiert sich spätestens nach drei Monaten heraus, wenn das Verknalltsein nachlässt. Jetzt kennt ihr euch näher, ihr habt eine Vorstellung, wie es mit euch weitergehen könnte. Er begehrt dich, will dich und legt dir seine Gefühle zu Füßen. Schön, wenn es dir auch so geht. Dann kann etwas aus euch beiden werden.

✳ Ich liebe dich! Wer das sagt, meint oft nur »Ich hab dich lieb«. Aber wirkliche, echte Liebe braucht Zeit. Sie muss wachsen. Wer liebt mit allem Drum und Dran, der gibt nicht auf und geht mit dem anderen durch dick und dünn. Liebe ist ein treues, selbstloses Gefühl.

WARUM WILL ER NICHT, DASS ICH MICH MIT MEINEM EX TREFFE?

Aus der Sicht eines Jungen ist sein Vorgänger fast immer ein Fiesling, von dem du auf jeden Fall die Finger zu lassen hast. Selbst wenn er ihn gar nicht kennt – er mag ihn einfach nicht. Und wenn er sich dabei noch so lächerlich macht. Er verbietet dir den Umgang mit ihm. Das ist völlig irrational, aber sehr ernst gemeint von ihm. Und wenn du mal in dich gehst, musst du vielleicht zugeben, dass es dir ähnlich ergehen würde, wenn dein Freund regelmäßig noch Kontakt mit seiner Ex hätte. Mädchen sind nämlich nicht minder eifersüchtig.

Birgitta (16):
»Jedes Mal, wenn ich mit meinem Ex Simon telefoniere, dreht mein neuer Freund Sascha fast durch. Und das, obwohl zwischen Simon und mir überhaupt nichts mehr läuft – außer, dass wir uns gut verstehen. Sogar besser als zu der Zeit, als wir noch zusammen waren. Sascha will nicht, dass ich mit ihm rede, und treffen soll ich ihn natürlich schon gar nicht. Doch das geht nicht, weil Simon in derselben Schule ist wie ich. Ich habe keine Lust, mich so bevormunden zu lassen. Ich finde das voll doof von Sascha, wir haben deswegen viel Streit. Und wenn er so weitermacht, dann ist eben Schluss. Warum soll ich mir das gefallen lassen?«

Keine Frage: Dass Sascha sich so benimmt, ist ein Zeichen von mangelndem Selbstwertgefühl und Schwäche. Er ist stolz darauf, so ein starkes Mädchen wie dich erobert zu haben, aber er hat Angst, dass du einen Rückfall bekommst und wieder ganz in Simons Armen landest. Dass du das trennen kannst, will er nicht glauben, denn er leidet unter seiner Eifersucht. Das ist auch ein Liebesbeweis, denn er drückt damit aus, dass du ihm sehr viel bedeutest. Ganz ehrlich, das schmeichelt dir ja auch.

Andererseits fürchtet er, dass Simon besser weiß als er, wie man dich beeindrucken und rumkriegen kann. Dass du ein eigenes Wesen bist, das selbst entscheidet, spielt dabei überhaupt keine Rolle. Wahrscheinlich hast du anfangs auch mal etwas von Simon erzählt – das reicht ihm, um sich ein Bild von ihm zu machen.

Wahrscheinlich lacht der andere heimlich über mich, mag Sascha denken, er will sie ja doch nur zurück und wartet in aller Ruhe ab, bis es so weit ist.

Saschas Eifersucht wird von seiner Fantasie beherrscht (mehr dazu im Abschnitt: »Warum ist er so schrecklich eifersüchtig und traut mir nicht?«, S. 56) und Simon ist darin der große Rivale, der ihm am Ende womöglich die Freundin ausspannt. Das kränkt einen Mann bis ins Mark und führt nicht selten dazu, dass sich die beiden wegen einer Frau sogar schlagen. Das hast du sicher auch schon oft in Filmen gesehen.

Wer über die Maßen eifersüchtig ist, schießt übers Ziel hinaus und will den anderen ganz allein für sich »besitzen«. Wenn ein Junge zu sehr darauf pocht, dass du ihm ganz alleine »gehörst«, und dich womöglich gar überwacht, dann hat das nichts mehr mit Liebe zu tun. Sieh zu, dass du so schnell wie möglich Schluss machst, bevor es zu schwierig wird.

IST ER STOLZ ODER SAUER, WENN MIR ANDERE JUNGS NACHSCHAUEN?

Natürlich ist ein Junge stolz, wenn auch andere seiner Freundin nachschauen und ihn um sie beneiden. Das ist ja auch ein Beweis dafür, dass er ein guter Jäger ist, der eine prima Beute gemacht hat. Sauer ist er nur, wenn du auf die Blicke anderer falsch reagierst.

Ein Beispiel: Ihr seid gemeinsam auf einer Party. Er geht gerade mal kurz auf die Toilette. Währenddessen nutzt ein anderer Junge die Gelegenheit, kommt auf dich zu und macht dir Komplimente. Dein Freund kommt zurück, wittert die kritische Situation mit einem Blick und knurrt innerlich wie ein Polizeihund vor dem Zugriff. Äußerlich lächelt er und tut, als wenn nichts wäre. Wenn du nun die beiden miteinander bekannt machst und dich dann weiter mit dem Fremden unterhältst, gibt es später sicher Probleme.

Wenn du ihn aber ganz offen als deinen Freund vorstellst, dich liebevoll an ihn drückst, dann ist für ihn die Sache klar. So mag er das. Denn dann ist er der Sieger. Ein Spielchen, das vielen selbstbewussten Mädchen von heute möglicherweise gegen den Strich geht, aber eines, bei dem man sich nichts vergibt und das ihn aufbaut. Partnerschaften bestehen im Allgemeinen aus vielen solchen Spielchen, die eine Menge zum friedlichen Zusammensein beitragen können. Und wenn du ihn wirklich liebst, fällt das ja auch nicht sehr schwer und tut euch beiden gut.

Ein Junge ist auch in einer schwierigen Lage. Entweder hat er ein Mädchen an seiner Seite, für das sich kein anderer interessiert, dann steht er als Loser da. Hat er aber ein Supergirl, das jeder gerne hätte, dann muss er mit harter Konkurrenz kämpfen. Da ist es am besten, wenn du das übernimmst und jedem fremden Jungen klar und freundlich signalisierst, dass du bereits vergeben bist.

Dein Freund muss ganz sicher sein, dass du in diesem Punkt zuverlässig bist. Sobald du kokettierst und deine Chancen bei anderen Jungs testen willst, wird er unsicher. Das könnte zur Folge haben, dass er sich rächt und ganz schnell auf die Blicke anderer Mädchen reagiert. Lass es also lieber sein, wenn du mit ihm zusammenbleiben willst.

WARUM HAT ER ETWAS GEGEN MEINE FREUNDINNEN?

Sabrina (14):
»Mein Freund hat etwas gegen meine Freundinnen. Er schimpft über sie, will nicht mitkommen, wenn ich sie sehe, und hält sie für Klatschtanten. Dabei finden sie ihn echt cool und würden ihn gern näher kennenlernen. Warum will er das nicht?«

Ein Junge oder Mann geht immer davon aus, dass Mädchen bzw. Frauen alles mit ihren Freundinnen besprechen. Das finden sie nicht fair und sehen darin einen kleinen Vertrauensbruch. Dazu kommt: Er weiß ja nie genau, was sie wirklich ausplaudern. Alles? Oder nur fast alles? Was bedeutet der wissende Blick einer deiner Freundinnen, den er in ihren Augen zu erkennen glaubt? Weiß sie vielleicht mehr, als ihm lieb ist? Er ist auf jeden Fall misstrauisch, deshalb hält er sich aus diesem Kreis lieber gleich ganz heraus.

Aus der Sicht eines Jungen sind deine Freundinnen Mädchen, denen gegenüber er sich nicht so verhalten kann, wie er es unter normalen Umständen tun würde: Er könnte sie kein bisschen abchecken oder gar mit ihnen flirten, sie anlächeln oder den dicken, charmanten Max herauskehren. All das könnte ja missverstanden werden – und da passt er höllisch auf. Etwas in ihm verklemmt sich, und das sieht nach außen so aus, als hätte er etwas gegen deine Freundinnen.

Er fühlt sich der geballten Girl-Power so hilflos ausgeliefert wie ein Ritter, der seine Rüstung verloren hat und nichts mehr besitzt außer einem Feigenblatt, das auch noch viel zu klein ist. Splitternackt steht der arme Ritter dann allein vor der großen Burg, und hoch oben auf der Zinne sitzen deine Freundinnen und grinsen sich eins. Das ist zu viel für ihn.

WARUM IST ER SO SCHRECKLICH EIFERSÜCHTIG UND TRAUT MIR NICHT?

Wenn dein Freund eifersüchtig ist, kann das für eure Liebe sehr belebend sein. Vorausgesetzt, es läuft in Maßen ab. Zu viel davon macht jedoch krank und süchtig. Ist jemand extrem eifersüchtig und terrorisiert damit seine Mitmenschen, spricht man von krankhafter Eifersucht. Sie muss sich übrigens nicht immer auf einen Liebespartner beziehen, sondern man kann

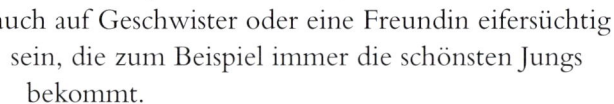

auch auf Geschwister oder eine Freundin eifersüchtig sein, die zum Beispiel immer die schönsten Jungs bekommt.

Eifersucht und Neid haben die gleichen Wurzeln. Man will etwas haben, was man einem anderen nicht gönnt. Oder: Man hat etwas, will es für sich behalten und auf keinen Fall teilen. Eifersucht hat also immer etwas mit Verlustangst zu tun und dem mangelnden Selbstbewusstsein, seinen »Besitz« nicht verteidigen zu können. Die Liebe zu einem Menschen kann man aber nicht besitzen. Sie ist immer ein Geschenk, auf das niemand einen festen Anspruch hat. Daher ist es auch ein weitverbreiteter Irrtum, dass heftige Eifersucht zur Liebe gehört.

> **Anne (15):**
> »Ich habe immer gedacht, Eifersucht ist ein Liebesbeweis. Denn damit zeigt er mir doch, dass ihm etwas an mir liegt. Ist das falsch?«

Wie schon erwähnt, in Maßen ist Eifersucht kein Problem und eines dieser vielen Spielchen in einer Beziehung. Aber wenn er wegen jeder Kleinigkeit ausrastet und dich ständig Dinge fragst wie: »Mit wem warst du unterwegs? Worüber hast du mit dem gesprochen? Wieso hast du den angelächelt?

Warum bist du nicht ans Telefon gegangen?« – dann ist das bestimmt kein Liebesbeweis, sondern ein Verhör, was typisch ist für sehr eifersüchtige Menschen.

Du musst dann entscheiden, ob du mit diesem ständigen Misstrauen, den grundlosen Verdächtigungen und dem oftmals entwürdigenden Nachspionieren leben kannst. In der Regel ist ein solches Verhalten der Anfang vom Ende einer Beziehung. Damit passiert genau das, was der Eifersüchtige mit aller Macht verhindern will: Er vertreibt den geliebten Partner.

Menschen, die sehr eifersüchtig sind, können nicht glauben, dass sie um ihrer selbst willen geliebt werden. Daher wird vieles, was der Partner tut, als Bedrohung empfunden. Weil der Eifersüchtige seiner Verlustangst hilflos gegenübersteht, versucht er, den anderen zu zwingen, sich so zu verhalten, dass er gar nicht erst eifersüchtig werden muss. Doch das funktioniert natürlich nicht, denn für seine Gefühle ist er selbst verantwortlich. Eifersüchtig zu sein bedeutet immer: »Du bist nicht so, wie ich dich haben will!« Wer also nur sein Ding durchzieht und denkt, andere müssten nach seiner Pfeife tanzen, wird immer wieder an seiner Eifersucht scheitern – und von seiner Freundin oder dem Freund verlassen werden.

Es ist nicht »angeboren«, eifersüchtig zu sein, sondern ein erlerntes Verhalten, das man auch wieder ändern kann.

Eines darf nicht vergessen werden: Eifersucht ist keine typisch männliche Eigenschaft. Es gibt mindestens ebenso viele Mädchen, die alle Register ziehen können und ihm damit das Leben schwer machen. Daher sind folgende Tipps gegen die quälende Eifersucht für beide Geschlechter gültig:

Das kannst du tun, um deine Eifersucht in den Griff zu kriegen:

✻ Achte dich selbst, und entdecke die guten Seiten an dir! Denn genau die machen dich so einzigartig und besonders. Damit stärkst du auch dein Selbstbewusstsein und das Gefühl, dass du wirklich gut genug für deinen Freund oder deine Freundin bist.

✻ Erinnere dich, was er/sie gut an dir findet! Er/Sie hat sich bewusst für dich entschieden. Denk an die Komplimente und Liebeserklärungen, die du von ihm/ihr bekommen hast, oder an die Momente, wo ihr euch sehr nahegekommen seid.

✻ Überwache und kontrolliere deinen Partner nicht! Spioniere ihm/ihr nicht nach! Du verrennst dich dabei nur in verletzende Verdächtigungen und riskierst, ertappt zu werden. Das führt zum Vertrauensbruch. Lass ihm/ihr den Freiraum, den er/sie braucht. Gib nichts auf Gerüchte, und glaube nur, was du selbst gesehen oder aus allererster Hand erfahren hast.

✻ Versuche nicht, den Partner eifersüchtig zu machen! Auch wenn manche meinen, das sei gut – es ist dennoch falsch. Eifersucht tut weh. Und wer dem anderen absichtlich seelische Schmerzen bereitet, schadet der Beziehung.

✻ Gib deinem Partner das Gefühl, dass du ihn/sie gernhast! Er/Sie soll spüren, dass er/sie geliebt und respektiert wird. Zeig es durch Gesten, oder sage offen, was dir der andere bedeutet. Seine Gefühle zu offenbaren, ist eine sehr wirksame Medizin gegen quälende Eifersucht.

✻ Niemand ist unersetzlich! Der typische Satz: »Ich kann ohne dich nicht leben!«, womit manche Menschen ihre Eifersucht rechtfertigen wollen, engt den anderen oft mehr ein, als dass er schmeichelt. Versuche also nicht, den Freund oder die Freundin damit unter Druck zu setzen. Liebe lässt sich nicht erzwingen.

Welche Fehler sollte man als Mädchen unbedingt vermeiden?

Selbst wenn dein Freund gerne sehr stark tut, ist er auch verletzlich. Genauso wie du. Er wird es vielleicht nicht zugeben, aber es gibt trotzdem einiges, was ihn schwer trifft und was du daher vermeiden solltest.

Besonders schlimm wäre es für ihn, wenn du ihn mit einem anderen Jungen betrügen würdest. Das kannst du sicher gut nachvollziehen, denn das würde dir umgekehrt auch sehr wehtun. Zudem ist es unklug, ihn vor anderen kleinzumachen oder alles besser wissen zu wollen als er. Das ist beziehungsfeindlich. Es ist aber nicht minder schlecht für eure Liebe, wenn du zu sehr klammerst (s. auch Abschnitt: »Warum ist er so schrecklich eifersüchtig und traut mir nicht?«, S. 56) oder dich nicht für seine täglichen Probleme in der Schule oder im Job interessierst.

Außerdem solltest du noch vermeiden, sein Hobby schlechtzumachen oder gar zu boykottieren. Wenn es ihm zu viel wird, entscheidet er sich lieber für das, was er gerne macht, und gegen dich. Es ist besser, wenn du versuchst, ein bisschen daran teilzuhaben.

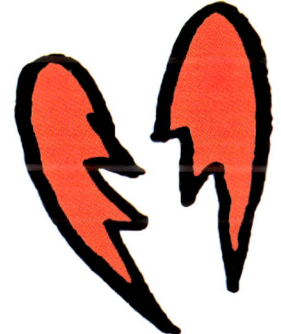

Manche Mädchen lassen sich gehen, wenn sie glauben, ihren Traumboy ganz fest an der Angel zu haben. Sie achten nicht mehr so sehr auf ihr Äußeres oder darauf, wie sie sich ihm gegenüber benehmen. Respekt voreinander ist jedoch eine Grundvoraussetzung für eine Beziehung. Und man muss jeden Tag etwas dafür tun. Liebesglück gibt es nicht umsonst. Jetzt nicht – und auch später nicht.

Jasmin (15):
»Ich weiß genau, dass der Junge, mit dem ich gerade zusammen bin, vor mir schon einige andere Mädchen hatte. Ich frage ihn immer wieder, wie das so war mit ihnen und ob er es mit mir besser findet. Aber er redet nur so herum, und ich weiß eigentlich gar nichts. Warum rückt er nichts heraus?«

Das ist ein ganz wesentlicher Unterschied zwischen Frauen und Männern. Sie erzählt meist gerne und ganz offen von ihren Verflossenen, sodass er genau weiß, dass alle vor ihm nichts weiter waren als dümmliche Angeber mit Ego-Problemen und jämmerliche Versager in der Schule und als Mann.

Er dagegen schweigt sich mit Bedacht über seine letzten Beziehungen aus. Erstens, weil er vielleicht gar nichts Schlechtes über die Vorgängerinnen sagen kann und genau weiß, wie du darauf reagieren wirst. Zweitens, weil die Zeit vor dir zu seinen letzten Geheimnissen gehört, die er noch für sich bewahren kann. Und drittens, weil es ohnehin egal ist, was er über seine Vergangenheit erzählt, es würde doch nur Stress geben.

Denn natürlich willst du wissen, warum seine letzte Beziehung zerbrach. Ganz ehrlich: Das fragst du nicht nur, weil es dich interessiert, sondern vor allem deshalb, weil du dies auf dich selbst beziehen möchtest.

Beispiel: Er erzählt, dass es auseinanderging, weil sie nie mit zum Fußball gehen wollte. Aha, soso. Ich gehe da ja auch nicht mit, denkst du. Ob er das mit mir dann auch so macht? Wegen so einer Kleinigkeit lässt er sie gleich sitzen? Das lässt tief blicken. Ein Anflug von Solidarität mit seiner Ex überkommt dich. »Da kann ich ja drauf warten, bis dich bei mir auch so was stört«, sagst du. Er sieht dich mit großen Augen an: »Was soll das? Du wolltest es wissen, und ich hab es dir gesagt. Wieso bist du jetzt stinkig?«

Er versteht deine Reaktion nicht. Er versteht die weibliche Denkweise nicht. Erst fragt und fragt sie, und dann passt ihr meine Antwort nicht. Typisch Frau!

Auch die Mitleidsmasche: »Was? So hat die dich behandelt? Und du hast dir das gefallen lassen?«, zieht nicht bei ihm. Er kommt sich dabei vor wie ein kleiner Trottel und wünscht, er hätte dir das nie erzählt. Ist er von ihr verlassen worden, betreiben Mädchen gerne Ursachenforschung, und das ist auch nicht sein Ding. Am Ende stellst du noch fest: »Sei bloß froh, dass ich dich genommen habe!« Das hat ihm gerade noch gefehlt!

Er kann also sagen, was er will: Es wird grundsätzlich alles gegen ihn verwendet. So sieht er es zumindest. Deshalb hält er lieber den Mund und lässt sich nicht weiter über seine Vergangenheit aus.

WORAUF MUSS MAN ACHTEN, WENN MAN ZUM ERSTEN MAL EINEN JUNGEN KÜSST?

Keine Frage: Der erste Kuss ist etwas sehr Aufregendes. Du willst dich nicht blamieren, nichts falsch machen und auch nicht als dumme Anfängerin dastehen. Doch keine Angst! Das Risiko, dass etwas nicht klappt, ist beim Küssen höchst gering. Das meiste ergibt sich von selbst.

Es gibt kein Rezept, wie man richtig küsst. Jeder küsst anders, und jedes Paar entwickelt im Laufe der Zeit seinen eigenen Stil. Genau darin liegt auch der Zauber. Der Junge, der dich küsst, empfindet wahrscheinlich ähnlich wie du. Selbst wenn er vor dir schon andere Mädchen hatte, ist es für ihn mit dir wieder etwas Neues. Auch beim Küssen.

Taste dich vorsichtig heran, lass dich ruhig von ihm leiten. Es ist wie beim ersten gemeinsamen Tanz, bei dem du dich ganz langsam auf seine Bewegungen einstellst, mal eine neue versuchst und schaust, ob er dir folgt. Nach und nach bekommt ihr ein Gefühl dafür, was euch gefällt und was nicht. Beobachte die Reaktionen deines Kuss-Partners genau, dann findest du schnell heraus, was er mag.

 ## Kuss-Tipps

✳ Sag ihm, dass du ein bisschen Angst hast. Und schon wird die Angst ein bisschen kleiner, denn ihm geht es ganz ähnlich.

✳ Nimm deinen Handrücken und probier verschiedene Küsse aus, bevor du es mit ihm tust. Das gibt dir mehr Sicherheit.

✳ Küsse mit viel Gefühl! Heftiges Saugen oder ungeschicktes Lutschen sind Kuss-Killer. Die Lippen sollen sich sanft und liebevoll berühren.

✳ Mundgeruch durch Rauchen, Knoblauch oder Zwiebeln, ungepflegte Zähne und Kaugummi törnen ab. Aber das versteht sich eigentlich von selbst.

KÜSSEN MIT PIERCING ODER ZAHNSPANGE: WIE SEHR STÖRT IHN DAS?

Wenn du ein Lippen- oder Zungen-Piercing hast, dann solltest du unbedingt vorher abchecken, ob dein Kuss-Partner damit umgehen kann. Manche Jungen fahren total darauf ab, andere finden es eklig.

Auch Zahnspangen können ein Problem sein. Doch sie stören beim Küssen viel seltener, als manche glauben.

Ob Piercing oder Zahnspange: Am besten ist, du sprichst offen darüber. Wenn er dich trotzdem küsst, ist es ihm egal. Und dann solltest auch du dir keine größeren Gedanken mehr darüber machen.

KANN ICH MICH BEIM KÜSSEN MIT KRANKHEITEN ANSTECKEN?

Küssen ist gesund! Es stärkt sogar das Immunsystem. Allerdings: Bis zu 300 Keime und Bakterien werden bei einem Kuss ausgetauscht, die aber von einer natürlichen »Schutzpolizei« im Mund unschädlich gemacht werden.

Schwieriger wird es, wenn dein Kuss-Partner unter einer ansteckenden Krankheit leidet, wie z. B. Herpes, Hepatitis B, Tripper oder Grippe. Die Erreger können bei Mundküssen bzw. intimen Küssen übertragen werden.

> Linda (13):
> »Ich habe gehört, dass man sich beim Küssen auch Aids holen kann. Aber was mache ich, wenn mir der Junge nicht sagt, dass er diese Krankheit hat?«

Zu deiner Beruhigung: Bei Mundküssen kann man sich nicht mit der immer noch unheilbaren Immunschwäche-Krankheit Aids anstecken.
Selbst wenn einer der beiden Partner HIV-positiv ist, müssten beim Küssen mehrere Liter Speichel ausgetauscht werden, damit es zu einer Infektion kommen kann. Das ist praktisch unmöglich.

Wichtig: Wer jedoch beim Oralverkehr Sperma oder Scheidensekret in den Mund bekommt, kann sich sehr wohl mit HIV infizieren, wenn der Partner positiv ist.

Wenn einer von euch gerade Herpes hat – das sind die kleinen, unangenehmen Lippenbläschen –, dann ist Küssen bis zur vollständigen Heilung streng verboten. Herpes ist äußerst ansteckend.

Na, so was! Interessantes rund ums Küssen

✳ 97 Prozent der Frauen und nur 30 Prozent der Männer küssen mit geschlossenen Augen.

✳ Sorry! Küssen macht nicht schlank. Pro Kuss werden nur ca. 12 Kalorien verbraucht.

✳ Leidenschaftliche Küsse dauern heute doppelt so lange wie in den 80er-Jahren: im Durchschnitt 12 Sekunden.

✳ Beim Küssen werden 29 Gesichtsmuskeln in Schwung gebracht.

✳ Der Adrenalinspiegel steigt und bringt Kreislauf und Durchblutung in Schwung. Dein Puls steigt auf 120 Herzschläge pro Minute.

✳ Gute Laune dank Küssen, denn beim Spiel mit den Lippen werden Glückshormone ausgeschüttet, die sogenannten Endorphine.

✳ Seinen Ursprung hat der Kuss laut Verhaltensforscher im Saugen an der Mutterbrust. Neuere Theorien sehen im Kuss eine menschliche Variante des Beschnüffelns und Beleckens unserer tierischen Vorfahren.

ICH HABE ANGST, DASS ER MICH WIEDER VERLÄSST. WIE MERKE ICH, OB ER MICH NOCH LIEBT?

Lisa (14):
»Ich gehe seit sechs Wochen zum ersten Mal fest mit einem Jungen (14). Ich habe ihn auf einer Party kennengelernt und liebe ihn total. Er sagt, dass es ihm genauso geht. Nun habe ich aber gehört, dass er mit einer anderen herumgemacht hat, und ich bin mir nicht mehr sicher, ob er mich noch liebt. Ich habe große Angst, dass er Schluss machen könnte. Das wäre ganz schön schlimm für mich. Wie merke ich, ob er mich noch liebt?«

Du erlebst im Moment etwas sehr Schönes und schwebst auf Wolke sieben. Doch mit der ersten Liebe beginnt auch die Zeit des Ausprobierens. Das heißt, dass du Beziehungen anfängst und auch wieder beendest. Das gehört gerade in deinem Alter dazu und ist ganz normal. Lass dir nicht einreden, dass man deshalb gleich ein Flittchen ist.

Sich trennen tut weh. Egal, ob du die Verlassene bist oder selbst verlässt. Ist Ersteres der Fall, wirst du zumindest bedauert, während du als die Böse dastehst, wenn du diejenige bist, die

das Verhältnis beendet hat. Dabei kann der Schmerz in so einem Fall genauso groß sein, nur eben ein bisschen anders. Wer sagt einem geliebten Menschen schon gerne, dass es aus ist? (S. auch Kapitel 4: »Aus, Schluss! Das Ende einer Liebe«, ab S. 115)

Versuche also auch, dich in den Jungen hineinzuversetzen, wenn er mit dir Schluss macht. Wenn er ein bisschen verantwortungsbewusst ist, sagt er das auch nicht einfach so locker nebenbei, sondern hat vorher deswegen mit sich gekämpft.

Mit dem ersten Freund mehrere Jahre zusammen zu sein, ist eher die Ausnahme. Für die meisten ist es wichtiger, erst mal zu testen, wer zu einem passt. Woran du das erkennen kannst, bekommst du erst mit der Zeit heraus. Daher dauern die ersten Liebesbeziehungen oft auch nur einige Wochen oder höchstens Monate. Da ist natürlich Liebeskummer vorprogrammiert. Doch so hart das nun klingen mag: Auch dieser gehört zum Lernprozess.

Gefühle verändern sich. Das merkst du auch daran, dass du dich schnell verliebst, aber dieses Gefühl oft genauso schnell wieder verschwindet, wie es aufgetaucht ist. Keine Sorge, auch das ist normal. Schließlich musst du ja erst mal herausfinden, welche Art Beziehung gut für dich ist und was du davon erwartest. Und das ist nicht so einfach.

Sei dir auf jeden Fall im Klaren darüber, dass du dich nicht zur Liebe zwingen, sie aber auch von niemandem einfordern kannst. Wenn du spürst, dass du nicht glücklich bist in deiner Beziehung und mehr Stress als Freude damit hast, dann zieh einen Schlussstrich, trenne dich! Auch wenn's wehtut.

Deine erste Liebe ist sicher nicht deine letzte. In den nächsten Jahren wirst du dich noch einige Male neu verlieben und wieder trennen. Mit jeder Beziehung machst du neue Erfahrungen, die dich weiterbringen. Das geht jedem so – auch den Jungen.

 ## Vorurteile, von denen du dich nicht irritieren lassen solltest

✳ Jungs, die ihre Freundinnen oft wechseln, gelten immer noch als tolle Aufreißertypen mit großen Chancen beim anderen Geschlecht.

✳ Mädchen, die viele Erfahrungen mit Jungen gemacht haben, werden oft schnell und leichtfertig »Schlampe« oder »Flittchen« genannt.

Von solchem Quatsch solltest du dich nicht verunsichern lassen. Du darfst grundsätzlich gehen, mit wem du willst. Und du kannst deine Beziehungen wechseln, so oft du willst. Egal, wie andere darüber denken. Es geht sie nichts an.

Aber: Kritisch wird es, wenn du deine Beziehungen wechselst, weil du immer wieder neue Selbstbestätigung brauchst oder anderen so gerne zeigst, dass du jeden haben kannst. Das ist nicht in Ordnung. Damit verletzt du absichtlich die Gefühle anderer, die sich Hoffnungen gemacht haben.

Spiele also nicht mit Jungen, die du in Wirklichkeit gar nicht willst. Versuche also, deine Eitelkeit zu zähmen. Auch hier gilt: Was du nicht möchtest, das man dir antut, das tue auch keinem anderen an!

3. IM BETT: DEIN FREUND, EIN UNBEKANNTES WESEN

SEX MIT EINEM JUNGEN ODER EINEM ANDEREN MÄDCHEN: WARUM GIBT ES EIN SCHUTZALTER? WAS IST VERBOTEN, WAS IST ERLAUBT?

Du möchtest mit deinem Freund intim werden. Doch das ist nicht aus-schließlich eine Sache von momentanen Gefühlen, sondern kann sich nachhaltig auf dein Leben auswirken. Gerade wenn du noch sehr jung bist. Daher gibt es einige gesetzliche Bestimmungen, die dich schützen:

Wenn du noch nicht 14 bist

Es ist keine bloße Willkür des Gesetzgebers, dass er Sex mit Kindern verbietet. Denn die Erfahrung zeigt, dass sich Kinder unter 14 (viele auch noch später) in einer sexuellen Orientierungsphase befinden. Solange die andauert, sind Kinder in ihrer Sexualität noch sehr beeinflussbar und verletzlich.

Deshalb verbietet das Gesetz, sich in dieser Lebensphase aktiv – also durch eine körperlich intime Beziehung – in die sexuelle Entwicklung eines Kindes einzumischen, weil das für seine Psyche schädlich sein kann.

Da das Gesetz für alle gleich ist, gilt die Altersgrenze von 14 auch für alle. Auch dann, wenn ein Mädchen (oder ein Junge) psychisch oder körperlich bereits weiter entwickelt ist als andere Altersgenossen.

Das gilt auch, wenn ein Mädchen in ein anderes Mädchen verliebt ist. Denn ob hetero, lesbisch, schwul oder bi – mit 13 kann man nur sehr selten mit Sicherheit sagen, welche sexuelle Orientierung ein Mensch hat. In dieser Phase lernt man zunächst, mit seinen erwachenden Sexgefühlen und -fantasien umzugehen.

Viele fragen in diesem Alter: »Bin ich lesbisch, weil ich oft von anderen Mädchen träume?« Oder: »Ich hab mit meiner besten Freundin geknutscht. Das hat mich erregt. Bin ich jetzt lesbisch?«

Doch zu diesem Zeitpunkt kann man das noch nicht beantworten. Die Wahrheit ist: Kann sein, kann aber auch nicht sein. Erst mit der Zeit stellt sich heraus, zu welchem Geschlecht sich ein junges Mädchen hingezogen fühlt. Und in diesen allmählichen Entwicklungsprozess sollte sich niemand einmischen. Auch du nicht!

Egal, wie du darüber denkst: Es bringt nichts, darüber zu diskutieren, ob deiner Freundin eine sexuelle Beziehung mit dir nun wirklich schadet oder nicht. Denn rein gesetzlich ist das bis zu ihrem 14. Geburtstag sowieso verboten. Egal, wie reif sie dir oder anderen für ihr Alter erscheint.

Wenn du 14 oder 15 bist

Dann darf dein(e) Freund(in) höchstens 20 Jahre alt sein. Ausnahme: Wenn ihr eine echte Liebesbeziehung habt und nicht nur eine flüchtige sexuelle.

Ist er/sie schon 21 oder älter, macht er/sie sich im Prinzip wegen sexuellen Missbrauchs von Jugendlichen (§ 182 StGB) strafbar. Allerdings nur dann, wenn jemand der Meinung ist, dass dir diese Beziehung schadet, zur Polizei geht und Anzeige erstattet. Doch dann muss diese Person nachweisen, dass eure Beziehung tatsächlich nicht gut für dich ist. Liebt ihr euch und fühlt euch wohl zusammen, habt ihr nichts zu befürchten.

Wenn du 16 bist

Wenn du die magische 16 überschritten hast, kannst du Sex haben, mit wem du willst, egal, wie alt er/sie ist. Aber für alle sexuellen Kontakte gilt in jedem Fall: Niemand darf gegen seinen Willen mit Gewalt oder Drohungen zu sexuellen Handlungen gezwungen werden.

WENN DEINE ELTERN ETWAS DAGEGEN HABEN, DASS DU MIT DEINEM FREUND ODER DEINER FREUNDIN SCHLÄFST

Bist du noch nicht 14, haben deine Eltern zu Recht etwas gegen eine so frühe Beziehung. Denn kein Erwachsener darf sexuellen Handlungen an Kindern unter 14 Jahren zustimmen oder sie gar »fördern« (§ 180 StGB). Anderenfalls macht man sich strafbar.

Seid ihr beide aber 15, und deine Eltern wollen nicht, dass du schon sexuell aktiv bist, dann musst du mit ihnen verhandeln. Nach dem Gesetz darfst du Sex haben, aber deine Eltern sind für dich verantwortlich, bis du 18 bist, und haben eine Erziehungspflicht. Das heißt: Sie sollen dich zu

mehr Selbstständigkeit erziehen, was damit verbunden ist, dir im Laufe der Zeit auch mehr Eigenverantwortung zu übertragen.

Wenn du aber trotz des Verbotes deiner Eltern heimlich mit deinem Freund schlafen willst, musst du dir darüber im Klaren sein, dass es daheim Ärger geben könnte, wenn es herauskommt.

Achte auch unbedingt darauf, richtig zu verhüten und dich zu schützen, um mögliche Folgen eines sexuellen Abenteuers auszuschließen. Aids ist immer noch eine unheilbare Krankheit, und sicher willst du auch nicht gleich schwanger werden. Sex und Verantwortung gehören zusammen.

Was ist, wenn er beim Petting die Kontrolle verliert?

Das Anfassen deiner Brüste und deiner Scheide ist für einen Jungen ebenso aufregend, wie wenn du deine Hand an seinen Penis legst. Allein dadurch, dass es eine »fremde« Hand ist, die das tut, und nicht die eigene, erhöht sich die Spannung. Dazu kommt, dass du dich vielleicht schämst, weil du selbst mit deinem Körper nicht zufrieden bist. Doch das sieht der Junge vielleicht ganz anders. Für ihn bist du begehrenswert und schön.

Bei ihm lösen die Berührungen schnell erregende Gefühle aus, die so heftig sein können, dass du – und auch er – Angst bekommst, die Kontrolle zu verlieren. Wenn du aber noch nicht so weit bist, dann greif ein, und stoppe ihn sanft mit ein paar lieben Worten: »Lass uns noch etwas warten, bitte.«

Auf keinen Fall solltest du dich überrumpeln lassen. Schließlich willst auch du von deinem ersten Mal etwas haben und bereit sein dafür.

Soll ich erst einen Aidstest verlangen, bevor ich mit ihm schlafe?

> **Helena (15):**
> »Da ich sehr viel von Aids gehört habe, will ich mit meinem Freund nur schlafen, wenn er einen Test machen lässt. Ich tue das natürlich auch. Doch er will nicht und wirft mir vor, ich hätte kein Vertrauen zu ihm. Ist das nun wirklich so übertrieben von mir? Ich bin doch nur vorsichtig und will nicht krank werden.«

Du handelst sehr verantwortungsvoll. Dein Freund sollte froh und dankbar sein, dass du dir darüber Gedanken machst und selbst auch bereit bist zu einem Test. Doch bevor ihr einen Arzt aufsucht, könnt ihr schon mal selbst gemeinsam einige Punkte klären:

✳ Hattest du schon mal Vaginalverkehr (per Scheide) oder Analverkehr (per Po) ohne Kondom?
✳ Hattest du schon mal Oralverkehr (per Mund)?
✳ Hast du schon mal Drogen gespritzt und die Spritze mit anderen getauscht?
✳ Hattest du, z. B. durch einen Unfall, schon mal Blutkontakt mit anderen?

Wenn ihr diese Fragen beide ausschließlich mit »Nein« beantworten könnt, ist es sehr unwahrscheinlich, dass einer von euch mit dem HI-Virus infiziert ist. Dann könnt ihr euch auch nicht angesteckt haben. Oft kann man selbst einschätzen, ob man sich überhaupt angesteckt haben kann. Denn Aids bekommt man nicht einfach so, sondern man holt es sich.

Wenn aber einer von euch unsicher ist, ob er sich bisher ausreichend davor geschützt hat, dann ist ein Test auf jeden Fall Pflicht. Man kann das beim Gesundheitsamt kostenlos und anonym erledigen lassen. Bei einem Arzt muss man den Test meist selbst bezahlen.

DER RICHTIGE ZEITPUNKT FÜRS ERSTE MAL: SOLL ICH NACHGEBEN, WENN ER UNBEDINGT SCHON WILL?

Grundsätzlich solltest du nur mit einem Jungen schlafen, wenn du das auch möchtest. Hast du Bedenken oder bist dir nicht sicher, dann lass es lieber sein, und verschiebe es. Auf keinen Fall solltest du dich von einem Jungen überreden lassen oder nur deshalb mitmachen, weil du Angst hast, ihn zu verlieren. Es geht ja nicht darum, dass er seinen Spaß hat und du dafür die Zähne zusammenbeißt oder es schweigend über dich ergehen lässt. Das würde dich nicht glücklich machen. Du allein entscheidest, wann du zu Zärtlichkeiten bereit bist, nicht er.

Wenn dich ein Junge wirklich liebt und mehr will als ein flüchtiges Abenteuer, wird er dich nicht bedrängen, sondern es akzeptieren, wenn du noch warten willst. Drängt er weiter auf Sex, geht es ihm gar nicht um dich, sondern vor allem um seine sexuelle Befriedigung. In so einem Fall ist es besser, du machst Schluss und suchst dir einen Jungen, der dir keinen Druck macht.

74

Allerdings solltest du es ihm auch klar sagen, wenn du noch nicht bereit bist, und ihn nicht endlos vertrösten. Wer immer verspricht »vielleicht nächstes Mal«, weckt im anderen Hoffnungen. Werden diese dann enttäuscht, gibt es Vorwürfe und Streit. Es ist daher besser, wenn du ihm gleich reinen Wein einschenkst und klar »Nein« sagst.

Liliane (15):
»Ein Junge aus einer höheren Klasse, der sehr gut aussieht, hat mir gesagt, dass er auf mich steht. Ich finde ihn ganz toll, aber ich bin nicht in ihn verliebt, auch wenn mich einige Mädchen total um ihn beneiden. Nachdem wir nun miteinander auf einer Party waren, wollte er mehr von mir. Ich habe Nein gesagt, aber da hat er geantwortet, dass Frauen immer Nein sagen, aber eigentlich Ja meinen. Er würde mir ansehen, dass ich auch Lust hätte. Doch das stimmt nicht. Mir geht das viel zu schnell. Eigentlich würde mir eine Freundschaft mit ihm völlig genügen.«

Lass dich nicht verunsichern! Du hast »Nein« gesagt und »Nein« gemeint. Es ist ein alter Irrglaube von Männern, dass das in Wirklichkeit »Ja« bedeutet. Das legen sie sich so zurecht, weil sie den Gedanken, eine Abfuhr zu bekommen, nicht ertragen können. Und es ist leider auch immer noch ein Zeichen dafür, dass sie das Nein einer Frau nicht ernst nehmen und sich nicht vorstellen können, dass sie so einen tollen Hecht wie ihn ablehnt. Vergiss nicht: Beinahe jeder Mann hält sich für unwiderstehlich und meint, eine Frau könne doch froh sein, so etwas wie ihn abzubekommen. Frauen sehen das natürlich ganz anders.

Nervt dich ein Junge immer wieder damit, mit dir ins Bett gehen zu wollen, kannst du ruhig auch etwas bestimmter und aggressiver darauf reagieren.

Schrei ihn an, und mach ihn mit Worten zur Schnecke: »Wenn du nicht damit aufhörst, will ich mit dir gar nichts mehr zu tun haben. Ich habe nämlich keine Lust, mich dauernd von dir anmachen zu lassen!« Manche Jungen brauchen das, um zu kapieren, was wirklich Sache ist.

Übrigens: Das Durchschnittsalter für den ersten Sex liegt zwischen 15 und 16 Jahren – bei Mädchen wie bei Jungen.

MUSS ICH WARTEN, BIS ER DIE INITIATIVE ERGREIFT, ODER KANN ICH DAS AUCH TUN?

Ihr seid verliebt, dein Freund ist ein eher schüchterner Typ. Du bist bereit, mit ihm zu schlafen, und spürst, dass er das auch gern möchte. Aber er hat Angst, dir zu schnell zu nahe zu treten, und weiß nicht, wie er es anfangen soll. Dann spricht natürlich nichts dagegen, wenn du die Initiative ergreifst. Deiner Fantasie sind keine Grenzen gesetzt. Er wird dir dankbar sein, und du vergibst dir nichts.

Ist es aber so, dass hauptsächlich du diejenige bist, die mehr möchte, solltest du dir gut überlegen, ob du wirklich den Vorstoß wagen willst. Denn wenn er dir überhaupt kein Zeichen gibt, dass er mit dir schlafen will, hat er wahrscheinlich auch kein weiteres Interesse und sieht in dir eher einen Kumpel. In so einem Fall riskierst du, dass er dich zurückweist und möglicherweise auch dumm anredet, was sehr wehtut und der Freundschaft einen Knacks geben kann.

Kann er mir beim ersten Mal wehtun?

Viele Mädchen haben Angst, dass das berühmte »erste Mal« mehr Schmerzen als Freude macht. Und fast jeder Junge fürchtet, dass er dem Mädchen wehtun könnte. Doch wenn ihr beide liebevoll miteinander umgeht, spürst du beim ersten Mal maximal ein kurzes, vielleicht etwas unangenehmes Stechen, das sehr schnell vorbeigeht und meist auch in einem Rausch von Gefühlen untergeht. Der kleine Schmerz entsteht, weil beim ersten Sex dein Jungfernhäutchen reißt. Aber wenn es dir wirklich so wehtut, dass du es nicht aushalten kannst oder einfach nicht mehr magst, dann sage sofort »Stopp!«.

Manche Mädchen haben im Übrigen schon beim ersten Mal kein Jungfernhäutchen mehr. Das liegt daran, dass es z. B. beim Sport schon gerissen oder so geformt ist, dass es gar nicht einreißen kann.

Wenn dir speziell das Einführen des Penis Schmerzen bereitet, dann ist möglicherweise deine Scheidenmuskulatur verkrampft. Das heißt: Deine Scheide macht dicht und bleibt trocken, sodass jeder Versuch, einzudringen, sehr wehtut. Das liegt daran, dass du angespannt bist und Angst hast: vor einer Schwangerschaft oder vor Sex im Allgemeinen. Vielleicht hast du auch mal schlechte Erfahrungen im sexuellen Bereich gemacht – das kann sich auswirken.

Geht es nicht so wie gewünscht, dann versucht es keinesfalls mit Gewalt, und belasst es erst einmal beim Petting mit vielen Streicheleinheiten. Sprich offen mit ihm darüber, was du fühlst. Auch Reden entspannt. Und wenn er weiß, was dich beschäftigt, kann er darauf Rücksicht nehmen. Allein dieses Wissen genügt oft, damit die Anspannung nachlässt.

Erwarte nicht zu viel vom ersten Mal. Die Premiere ist meist nicht perfekt, weil beide aufgeregt sind und meinen, der Himmel müsse sich nun auftun. Doch dem ist nicht so. In der Regel ist es beim zweiten, dritten oder 24. Mal viel schöner, weil man vertrauter miteinander ist und weiß, was dem anderen guttut. Das ist übrigens nicht nur beim allerersten Mal so, sondern jedes Mal, wenn man einen neuen Partner hat. Du musst dich also nicht grämen, wenn es nicht so prickelnd oder romantisch war, wie du es dir vorgestellt hast.

WELCHE SEX-TECHNIK IST BEIM ERSTEN MAL AM BESTEN?

Clarissa (16):
»Als ich zum ersten Mal mit meinem Freund Max (17) intim war, waren wir beide total aufgeregt und überfordert. Eigentlich hat nichts so richtig geklappt. Bei mir lief plötzlich gar nichts mehr, meine Scheide wurde nicht feucht, und er war viel zu früh dran. Wir mussten dann beide lachen, weil wir uns so viel vorgenommen hatten – und dann das! Beim zweiten Mal hat es sich einfach so ergeben, ohne dass wir etwas geplant hatten, und auf einmal ging es problemlos. Ich kann allen nur raten, es auf sich zukommen zu lassen und sich nicht zu viel vorzunehmen.«

Normalerweise wird deine Scheide feucht, wenn du sexuell erregt bist. Dadurch kann der Penis leicht hineingleiten und sich hin- und herbewegen. Bleibt sie trocken, liegt es oft daran, dass du Angst hast (s. auch letzter Abschnitt: »Kann er mir beim ersten Mal wehtun?«, S. 77). Es kommt aber auch vor, dass du Lust hast und erregt bist – und die Scheide ist trotzdem trocken. Dann kannst du sie selbst befeuchten, bevor der Junge seinen Penis einführt. Nimm Spucke oder ein bisschen Gleitgel, das in Apotheken und Drogerien zu bekommen ist. Schmiere damit den Scheideneingang gut ein – und schon geht es, ohne wehzutun.

Achtung! Benutze statt Spucke oder Gleitgel niemals Cremes oder Lotions, die für die Hautpflege gedacht sind. Sie trocknen nämlich die Schleimhaut der Scheide aus und verursachen leicht Reizungen, die dann erst recht schmerzen.

Für das erste Mal ist es am einfachsten, wenn du auf dem Rücken liegst und der Junge auf dir. Das nennt man »Missionarsstellung«. So ist es beiden möglich, sich anzusehen, zu umarmen, zu streicheln und zu küssen. Diese Stellung ist für beide bequem, unkompliziert und praktisch. Extra aufregend ist es, wenn du mit den Beinen die Hüften des Jungen umschlingst.

Im Laufe der Zeit werdet ihr automatisch noch andere interessante Stellungen entdecken. Das ist eine spannende Phase, an die du später noch zurückdenken wirst.

KANN ICH IHM DIE HAND FÜHREN UND IHM ZEIGEN, WO ES MIR BEIM SEX GUTTUT?

Manchmal ist es beim Sex für einen Jungen nicht einfach, deinen Scheideneingang zu finden. Du kannst ihm helfen, indem du seinen Penis mit der Hand umfasst und ihn langsam zwischen deine Schamlippen zur Scheide führst. Wenn du dabei deine Beine etwas anziehst und dir ein Kissen unter den Po legst, geht das Einführen noch etwas leichter.

Deine Scheide kann sich jeder Penisgröße anpassen, und sie sollte feucht sein. Der Junge sollte sein Glied langsam und vorsichtig einführen, damit er dir nicht wehtut. Berührt der Penis dein Jungfernhäutchen, spürst du einen leichten Widerstand, den du mit einem kurzen, schnellen Stoß überwinden kannst (s. auch Abschnitt: »Kann er mir beim ersten Mal wehtun?«, S. 77).

 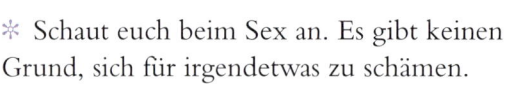 Tipps für ein schönes erstes Mal

✳ Schaut euch beim Sex an. Es gibt keinen Grund, sich für irgendetwas zu schämen.

✳ Sorgt unbedingt für sichere Verhütung (Pille und Kondom), damit das erste Mal keine unerwünschten Folgen hat.

✳ Rollt das Kondom gemeinsam über, es schützt auch vor Aids. Das hat nichts mit Misstrauen zu tun, sondern ist ein Stück Verantwortung, die du für dich selbst und den anderen trägst.

✳ Nehmt euch genug Zeit, damit ihr es genießen könnt. Wenn es einer eilig hat, sollte man das erste Mal lieber noch verschieben.

✳ Hüpft nach dem Sex nicht gleich aus dem Bett, sondern kuschelt noch ein bisschen. Das tut gut und ist ein schöner Abschluss.

WIE FASSE ICH SEINEN PENIS UND SEINE HODEN AM BESTEN AN?

Der Penis und die beiden Hoden sind die wichtigsten Geschlechtsorgane eines Mannes und gehören zu seinen erogenen Zonen. Sie sind höchst empfindlich, weshalb du damit auch sehr vorsichtig umgehen solltest.

Fasse ihn also in diesem Bereich ganz sanft an, Stöße und Schläge tun ihm sehr weh. Du solltest seine Hoden auch nicht fest drücken, quetschen oder schütteln.

Am besten umfasst du seinen Penis sanft mit der Hand, fährst auf und ab, übst wiederholt leichten Druck aus und lässt wieder los. Du kannst ihn auch kraulen und seine Vorhaut sachte zurückziehen. Wenn er keine mehr hat, benutze ein bisschen Gleitgel. Dann flutscht deine Hand leichter über seinen Penisschaft. Achte auf seine Reaktionen, und verständigt euch darüber, was er mag und was er eher als unangenehm empfindet. In jedem Fall ist dein Fingerspitzengefühl sehr gefragt.

Auch zartes Küssen, Saugen oder Lecken kann sehr erregend sein. Wenn du seinen Penis in den Mund nehmen willst, dann bedenke: Die Eichel ist die empfindlichste erogene Zone eines Jungen. Zu feste Berührungen können schnell unangenehm für ihn werden. Doch was genau ihm im Einzelnen gefällt, müsst ihr selbst herausfinden.

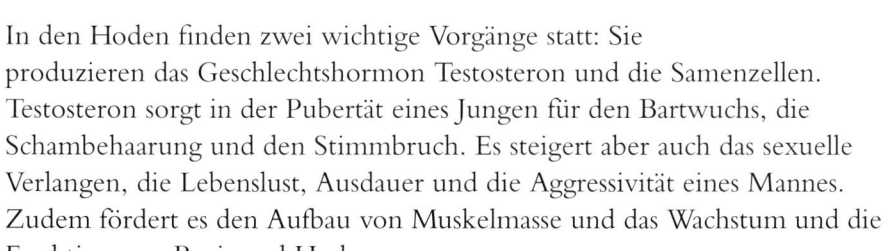

Bevor du seinen Penis oder seine Hoden anfasst, solltest du dafür sorgen, dass deine Hände sauber sind und die Fingernägel nicht zu spitz. So lassen sich Verletzungen der empfindlichen Penishaut und mögliche Infektionen vermeiden.

In den Hoden finden zwei wichtige Vorgänge statt: Sie produzieren das Geschlechtshormon Testosteron und die Samenzellen. Testosteron sorgt in der Pubertät eines Jungen für den Bartwuchs, die Schambehaarung und den Stimmbruch. Es steigert aber auch das sexuelle Verlangen, die Lebenslust, Ausdauer und die Aggressivität eines Mannes. Zudem fördert es den Aufbau von Muskelmasse und das Wachstum und die Funktion von Penis und Hoden.

In den Samenkanälen der Hoden beginnt mit der Pubertät auch die Produktion von Samenzellen. Von da an ist ein Junge zeugungsfähig. Das heißt: Ungeschützter Sex kann zu einer ungewollten Schwangerschaft führen.

Die Hoden in Zahlen:

✳ Ein durchschnittlicher Hoden wiegt etwa 20 bis 35 Gramm. Der linke ist bei den meisten Männern etwa fünf Prozent schwerer als der rechte.

✳ Bei etwa 85 Prozent aller Männer hängt der linke Hoden tiefer als der rechte.

✳ Die Hoden sind eiförmig (im Volksmund auch derb-salopp »Eier« genannt) und sind etwa 3,5 bis 5,0 Zentimeter lang und 2,5 bis 3,0 Zentimeter breit.

✳ Die Samenkanäle, in denen die Samenzellen produziert werden, haben eine Gesamtlänge von etwa 250 Metern pro Hoden.

✳ Die Hoden eines gesunden Mannes produzieren pro Sekunde etwa 1000 Samenzellen.

✳ Bis eine Samenzelle reif ist, dauert es ca. 70 bis 80 Tage.

✳ In den Hoden herrscht eine Durchschnittstemperatur von etwa 33 bis 35 Grad, also etwa ein bis drei Grad unter der Körpertemperatur von 36,5 bis 37 Grad. Das ist ideal für die Spermienproduktion.

✳ Der Hoden eines Mannes kann lebenslang, also auch noch im hohen Alter, Samenzellen produzieren.

WARUM FASSEN SICH JUNGEN IMMER WIEDER AN IHRE GESCHLECHTSTEILE, WENN SIE SICH UNBEOBACHTET FÜHLEN?

Dafür gibt es mehrere und zum Teil ganz praktische Gründe: Wenn ein Mann eine sehr enge Hose trägt, werden Penis und Hoden oft ziemlich stark eingeengt. Das kann unangenehm sein. Ein ordnender Griff ans beste Stück sorgt da für etwas Lockerung. Zum Glück tragen ja viele Jungen lieber überweite Hosen!

Eine zweite Möglichkeit: Wenn er sich die Härchen rund um den Geschlechtsbereich abrasiert, kribbelt es leicht, wenn sie wieder nachwachsen. Dann kratzt er sich. Auch aufgrund mangelnder Hygiene kann es ihn »da unten« jucken. Da hilft dann am besten eine Dusche oder ein Vollbad. Ist

Letzteres der Fall, solltest du ohnehin mit ihm darüber sprechen. Denn sicher macht es dir in dieser Form auch keinen großen Spaß mit ihm. Sauberkeit und ein gewisser Grad an Hygiene sind einfach ein Muss.

Viele Männer definieren sich auch sehr stark über ihre Geschlechtsteile. Deshalb schauen sie instinktiv immer wieder mal nach, vor allem morgens nach dem Aufstehen, ob alles noch da und in Ordnung ist.

WARUM SIND JUNGEN NIE MIT IHREM PENIS ZUFRIEDEN?

In der Tat – viele Jungen finden ihr bestes Stück zu kurz oder zu dünn. Sie glauben, alle anderen hätten einen wesentlich perfekteren Penis als sie selbst. Dabei kursieren oft fantastische Maße, die gar nicht der Wirklichkeit entsprechen können. Prahlereien von anderen Jungen oder Bilder von nackten Männer-Models mit üppigem, erigiertem Glied verunsichern Jungen zusätzlich. Der Penis, auch Pimmel, Schniedel, Glied oder Schwanz genannt, ist nun mal der zentrale Punkt seiner Männlichkeit. Deshalb beschäftigt er sich auch so ausführlich damit.

> **Veronica (16):**
> »Mein Freund Christoph (17) hat einen Komplex, der mir etwas auf die Nerven geht. Er bildet sich ein, sein Pimmel wäre zu klein und daher nicht reizvoll genug für mich. Doch mir ist das gar nicht wichtig, ich habe ja auch keine perfekten Brüste. Für mich zählt in erster Linie, dass wir uns lieben. Aber ich habe das Gefühl, dass er mir das nicht glaubt. Immer wieder fängt er damit an, dass seiner nicht toll genug ist. Welche Größe ist eigentlich normal?«

Jungen und Männer fürchten immer, ihre Partnerin könnte »Besseres« gewohnt sein. Deshalb tun sie alles, um mit der Konkurrenz (selbst wenn es so eine im Moment gar nicht gibt) mithalten zu können. Du siehst also, auch er steht beim Sex oft unter großem Druck – nicht nur du. Versuche, ihm die Angst zu nehmen, und sage ihm immer wieder, dass du vollauf glücklich und zufrieden bist mit dem, was du an ihm hast.

Das Wachstum des Penis beginnt mit der Pubertät, die zwischen dem 11. und 14. Lebensjahr anfängt und circa vier bis fünf Jahre dauert. Etwa ein Jahr nach Einsetzen der Pubertät vergrößert sich sein Glied. Die ursprüngliche Größe, die Schnelligkeit des Wachstums und seine endgültige Größe sind von Junge zu Junge sehr verschieden. Aber spätestens mit etwa 18 Jahren ist der Penis ausgewachsen.

Die Größe eines schlaffen Penis sagt nichts darüber aus, wie groß er ist, wenn er steif wird. In der Regel »wächst« ein großer bei einer Erektion weniger als ein kleiner Penis. Das beste Stück erwachsener Männer ist im Durchschnitt im schlaffen Zustand zwischen 7 und 12 Zentimeter lang. Wenn es steif ist, dann sind es ca. 10 bis 20 Zentimeter. Bei Jungen, die noch in der Pubertät stecken, kann der Penis entsprechend kleiner sein. Das ist ganz normal.

Nach einer Studie von Pro Familia liegt die Durchschnittsgröße eines steifen Penis in Deutschland bei 14,48 Zentimetern. Aber auch 12 oder 13 Zentimeter sind normal, ebenso wie 15 oder 16 Zentimeter.

STIMMT ES, DASS EIN JUNGE MIT EINEM GROSSEN PENIS EIN BESSERER LIEBHABER IST?

Auch wenn das oft erzählt wird – es stimmt nicht. Denn ein Mädchen kommt durch das bloße Rein und Raus des Penis in die Scheide in der Regel nicht zum Höhepunkt. Das Lustzentrum einer Frau, die Klitoris (auch Kitzler genannt), liegt nämlich außerhalb der Scheide. Und dort kommt weder ein kleiner noch ein großer Penis richtig hin. Da ist es am besten, du führst seine Finger zart in die Richtung der Klitoris, wo es dir guttut. Für deine Befriedigung ist die Größe seines Glieds also unbedeutend.

Wenn du nun trotzdem lieber einen Jungen möchtest, der einen größeren

85

Penis hat, dann entsteht dieser Wunsch meist durch bestimmte Fantasien oder ist eben dein persönlicher Geschmack. Manche Jungs mögen ja auch lieber Mädchen mit großen Brüsten, andere bevorzugen kleinere. Viele Frauen finden einen kleineren Penis angenehmer, weil man sich mit ihm in jeder Stellung lieben kann, ohne dass er dabei am Muttermund anstößt und wehtut.

ICH WILL NICHT, DASS ER WEISS, DASS ICH NOCH JUNGFRAU BIN. MACHT ES SINN, SICH SELBST ZU ENTJUNGFERN?

Du willst nicht als die Ahnungslose dastehen und hast geflunkert, dass du schon Erfahrungen gesammelt hast. Warum eigentlich? Was ist so schlimm daran, noch Jungfrau zu sein? Manche Mädchen erleben erst mit 18 oder 21 Jahren ihr erstes Mal. Jeder muss selbst entscheiden, wann er dafür bereit ist. Aber nun wird es ernst, und du fürchtest, dass es rauskommt, wenn du zum ersten Mal mit ihm schläfst.

Doch das Jungfernhäutchen (Hymen) sagt nichts darüber aus, ob du schon mit einem Jungen geschlafen hast oder nicht. Auch wenn es in vielen Ländern der Welt heute immer noch als Beweis dafür angesehen wird, dass ein Mädchen bisher keinen Geschlechtsverkehr hatte – lass dich nicht beirren.

Denn das Jungfernhäutchen kann auf viele Weise reißen, nicht nur beim Geschlechtsverkehr. Auch beim Sport oder bei der Selbstbefriedigung kann das passieren, lange vor deinem ersten Erlebnis mit einem Jungen.

Dazu kommt, dass nicht jedes Mädchen ein Jungfernhäutchen hat. Bei den einen ist es von Geburt an kaum entwickelt und nur ein schmaler Streifen an der Scheidenöffnung. Bei wieder anderen Mädchen verschließt es den ganzen Scheideneingang. Ob so oder so – alles ist normal.

Früher schützte das kleine Häutchen Mädchen davor, dass Krankheitserreger in die Scheide eindrangen. Aber da in der heutigen Gesellschaft Unterwäsche getragen wird und die hygienischen Bedingungen ganz anders sind als vor langer Zeit, hat das Jungfernhäutchen diese Aufgabe verloren. Du siehst also, es wäre völlig sinnlos, sich selbst zu entjungfern. Die Natur richtet das schon (s. auch Abschnitt: »Kann er mir beim ersten Mal wehtun?«, S. 77).

WORAN LIEGT ES, WENN ES BEI IHM NICHT GEHT? UND WAS KANN ICH TUN, DAMIT SEIN PENIS STEIF WIRD?

Elli (15):
»Wir sind erst seit Kurzem zusammen und nutzen jede Gelegenheit, um miteinander Sex zu haben. Doch jetzt gibt es plötzlich ein Problem, weil sein Penis nicht mehr steif wird. Das war anfangs nicht so. Er ist total verzweifelt und hat Angst, dass er impotent ist. Ich leide mit ihm und habe ihm auch schon gesagt, dass es für mich keine so große Rolle spielt. Nächstes Mal geht es bestimmt wieder. Aber er hat Angst, dass ich ihn verlasse, wenn er es im Bett nicht bringt. Dabei denke ich gar nicht daran, denn ich bin ja voll verliebt in ihn.«

Es ist nichts Ungewöhnliches, wenn bei Jungs der Penis plötzlich nicht mehr steif wird. In so einem Fall spricht man von einer Erektionsstörung. Das hat aber nichts mit Impotenz zu tun. Gerade bei sehr jungen Männern, die noch wenig sexuelle Erfahrung haben, kommt das schon mal vor, dass der Penis nicht so will wie sein Besitzer. Meist hat das psychische Gründe.

Viele Jungen sind sehr aufgeregt, wenn sie mit einem Mädchen ins Bett gehen. Sie wollen sie nicht enttäuschen und das Beste geben. Wenn sein Glied dann versagt, ist das ziemlich schlimm für ihn. Das kratzt kräftig an seiner Männlichkeit. Doch der Druck, den er sich selbst macht, ist oft so groß, dass es gar nicht mehr klappen kann. Druck, Aufregung, Stress und häufig auch falsche Vorstellungen davon, wie der Penis funktionieren sollte, führen dazu, dass gar nichts mehr geht. Ein anderer wichtiger Abtörner ist der Alkohol. Wenn dein Freund also zu tief ins Glas geschaut hat, ist es nicht verwunderlich, dass nichts mehr läuft.

Aber auch körperliche Ursachen können mitspielen. Wenn der Junge regelmäßig Medikamente nehmen muss, Probleme mit den Nieren hat oder an Diabetes leidet, kann das auch zu Erektionsstörungen führen. Es gibt da eine ganze Reihe möglicher Erklärungen. Die Behandlung der Krankheit hat in jedem Fall Vorrang vor der Behandlung der Erektionsstörungen. Doch bei Jugendlichen oder jungen Männern handelt es sich überwiegend um psychische Ursachen. Erst ab dem 40. Lebensjahr werden die körperlichen Ursachen wahrscheinlicher.

Was kannst du tun, um ihm zu helfen? Redet offen und ehrlich miteinander über eure sexuellen Erwartungen und Befürchtungen, hör ihm zu. Oft sind es unbewusste Ängste, die ihm einen Strich durch seinen Plan machen. Ein Gespräch kann da einiges an den Tag bringen und hin und wieder auch das Problem beheben.

Lasst Sex dann erst mal sein, und genießt lieber ein ausführliches Petting in entspannter Atmosphäre ohne Zeitdruck. So fällt der Druck ab, und vielleicht kommt damit bald die Erektion zurück.

Stellt euch auf ein langes Vorspiel ein. So fällt es ihm leichter, eine Erektion aufzubauen und auch zu halten. Im Übrigen muss es nicht immer zum Geschlechtsverkehr kommen.

Bleibt der Penis schlapp, aber ihr habt beide Lust auf mehr, dann nehmt die Missionarsstellung ein, und lege seinen Penis zwischen deine Schamlippen. Seht euch dabei an, küsst euch, und konzentriert euch aufeinander. Wichtig ist immer, dass ihr im Kopf total abschaltet und euch von nichts ablenken lasst. Dann kommt seine Erektion oft schneller, als ihr denkt.

KANN EIN JUNGE AUCH OHNE LIEBESGEFÜHLE MIT MIR SCHLAFEN?

Sex und Liebe sind zwei völlig verschiedene Vorgänge, die im Idealfall zusammengehören. Für die meisten Mädchen und Frauen ist das eine ohne das andere nicht denkbar. Dennoch gibt es Situationen, wo sowohl Mädchen als auch Jungen in einer Stimmung sind, in der sie es gern mal auf ein Sex-Abenteuer ankommen lassen. Wenn beide Seiten damit einverstanden sind, ist dagegen nichts einzuwenden. Das nennt man dann One-Night-Stand (s. Info-Kasten, S. 90). Doch mit Liebe hat das nichts zu tun.

Viele Mädchen stellen sich insgeheim vor, dass danach mehr daraus werden könnte, doch das muss nicht sein. Jungen und Männer lassen sich oft (sehr spontan) von den optischen Reizen und der Ausstrahlung einer Frau und ihrem eigenen sexuellen Trieb verleiten, mehr interessiert sie nicht. Dabei wird oft vergessen, dass die Voraussetzung für erfüllenden Sex intensive Gefühle füreinander sein sollten.

Doch unter Männern wird gern damit geprahlt, welche und wie viele Frauen sie vernascht haben. Werbung und bestimmte Medien vermitteln außerdem den Eindruck, dass nur Sex zählt. Liebe? Das ist etwas für Frauen. Nie würde ein Mann vor einem anderen zugeben, dass für ihn dabei auch Gefühle eine Rolle spielen müssen. Das gilt als unmännlich. Zu schnell könnte er als »Weichei« belächelt werden.

Du hast es jedenfalls in der Hand, ob du mitmachen willst oder nicht. Wenn du unsicher bist, dann lass es lieber sein. Denn womöglich leidest du danach darunter, wenn er nichts weiter von dir wissen will und nur die Gelegenheit genutzt hat. Ist der Junge wirklich in dich verliebt und will mehr als nur Sex, wird er sich auch so etwas einfallen lassen, um an dich ranzukommen.

Dennoch: Zum Glück sind nicht alle Jungs solche Draufgänger, dass sie nichts anbrennen lassen. Aber Tatsache ist, dass Jungen in der Pubertät schon beim Küssen einen steifen Penis bekommen und viele Mädchen das missverstehen. Es muss also nicht sein, dass er nur auf Sex aus ist, wenn sich in seiner Hose etwas tut. Das ist ein natürlicher Vorgang.

One-Night-Stand: Sex für eine Nacht

Der Begriff »One-Night-Stand« kommt aus dem Theaterbereich und bedeutet »eine einmalige Aufführung, die nur an einem Abend zu sehen ist«. Bei einem One-Night-Stand befriedigt jeder in erster Linie seine sexuelle

Lust und seinen Sex-Trieb (s. auch Abschnitt »Kann ein Junge auch ohne Liebesgefühle mit mir schlafen?«, S. 89). Bedenke auch, dass bei einem One-Night-Stand keiner eine Verpflichtung eingeht.

✳ Deshalb gilt: Kein One-Night-Stand ohne Kondom! Nur so kannst du eine ungewollte Schwangerschaft vermeiden und dich vor sexuell übertragbaren Krankheiten wie z. B. Aids schützen.

✳ Hier geht es nicht darum, den anderen näher kennenzulernen oder eine Beziehung aufzubauen. Es ist reiner Sex.

✳ Bei einem One-Night-Stand kann man sich die Bestätigung holen, sexuell attraktiv zu sein. Es kann auch Spaß machen, den Körper des Partners zu erkunden. Da man dabei nichts zu verlieren hat, kann man sich und seine Lust unverkrampft ausprobieren.

✳ Ein One-Night-Stand kann auch enttäuschen: Dann, wenn der Sex-Partner Dinge von dir verlangt, die du nicht willst. Oder wenn die Chemie zwischen euch nicht stimmt. Dann kann es sein, dass du dich von ihm benutzt fühlst und ein komisches Gefühl zurückbleibt.

✳ Wenn du willst, dass es bei dem einen Mal bleibt, dann gib ihm keinesfalls deine Telefonnummer oder Adresse. Bedrängt er dich jedoch, dann rück eben eine falsche Nummer raus, wenn du ihn nicht mehr sehen willst.

✳ Hast du aber Feuer gefangen und willst ihn wieder treffen, dann tauscht eure Nummern aus, aber bedränge ihn nicht. Lass ihm (und dir) Zeit, sich über seine Gefühle klar zu werden. Schließlich hattet ihr nur Sex und wisst sonst nicht viel voneinander.

✳ Wenn du einen festen Freund hast, solltest du gut überlegen, ob du durch einen One-Night-Stand alles gefährden willst. Du bist für das verantwortlich, was du tust, und möchtest auch nicht betrogen werden. Ausreden wie »Ich war eben betrunken!« entbinden dich nicht von deiner Verantwortung und sind keine Entschuldigung.

✳ Ist es dennoch passiert, und du hast ein schlechtes Gewissen, dann schweige lieber darüber, und verletze ihn nicht durch ein unnötiges Geständnis, wenn es keine weiteren Auswirkungen auf eure Beziehung hat.

✳ Habt ihr euch aber gegenseitig versprochen, »Seitensprünge« zu beichten, dann wäre es ein Vertrauensbruch, es zu verschweigen. Wenn es nämlich doch rauskommt, kann es zum Problem werden.

WAS MEINT ER GENAU, WENN ER SAGT, ER PASST AUF UND MACHT EINEN »RÜCKZIEHER«?

Wenn er das sagt, verspricht er dir, seinen Penis kurz vor dem Orgasmus aus der Scheide zu ziehen und sein Sperma außerhalb abzuspritzen. Man nennt dies »Rückzieher«, Aufpassen oder Coitus interruptus. Doch es ist völlig egal, wie es heißt – Tatsache ist, dass dies absolut keine Verhütungsmethode ist.

Lange glaubte man, auf diese Weise kämen keine Samenzellen in die Scheide, und die Frau könne somit nicht schwanger werden. Doch dem ist nicht so. Unzählige Babys entstanden schon auf diese Art. Denn bereits während der Erektion, also vor dem Samenerguss eines Mannes, kommen mit dem Vortropfen, auch Glückströpfchen genannt, schon bis zu 10 Millionen Samenzellen aus dem Penis. Diese können für eine Schwangerschaft locker ausreichen.

Dazu kommt, dass viele Männer es in der Erregung versäumen, ihren Penis rechtzeitig aus der Scheide zu ziehen. Man kann auch davon ausgehen, dass dabei immer ein bisschen Sperma in der Frau hängen bleibt. Wer immer aufpassen muss, kann Sex außerdem nicht entspannt genießen.

Du siehst, das Ganze ist eine unerfreuliche Sache und als Verhütung überhaupt nicht geeignet. Glaube keinem Jungen, der behauptet, er würde das perfekt beherrschen, es könne nichts passieren. Bestehe in jedem Fall darauf, dass er ein Kondom benutzt, oder lasst es lieber ganz sein.

Kann ich trotz Pille schwanger werden?

Wenn du die Pille regelmäßig und richtig einnimmst, hast du eine Sicherheit von 99,5 Prozent, nicht schwanger zu werden. Die Pille ist das sicherste Verhütungsmittel. Und sie sorgt für einen regelmäßigen Menstruationszyklus und weniger Schmerzen während der Periode. Aber die Pille hat auch Nebenwirkungen, und manche Mädchen vertragen sie nicht. Du solltest dich auf jeden Fall von deinem Frauenarzt gut beraten lassen.

Denise (15):
»Als ich letztes Wochenende sehr spät von einer Party heimkam, habe ich vergessen, die Pille zu nehmen. Erst am nächsten Tag merkte ich es. Eine Freundin hat mir gesagt, dass es nicht so schlimm sei, wenn man es einmal verbummelt, die Pille würde trotzdem noch ihre Wirkung haben. Erst wenn man sie zweimal nicht genommen hat, würde es gefährlich. Ich bin trotzdem unsicher und will kein Risiko eingehen.«

In so einem Fall tust du sehr gut daran, kein Risiko einzugehen. Denn wenn man mehr als 36 Stunden mit der Einnahme überzieht, ist die Pille nicht mehr sicher, und du könntest schwanger werden. Bis zur nächsten Periode solltest du dann zusätzlich verhüten, z. B. mit einem Kondom oder mit Schaumzäpfchen. Auch wenn du gerade unter Durchfall oder Erbrechen leidest, ist die Wirksamkeit der Pille nicht mehr gewährleistet.

Wichtig: Die Pille schützt nicht vor Aids oder anderen sexuell übertragbaren Krankheiten!

Ausführlicheres zum Thema Verhütung findest du in meinem Buch »Alles, was Mädchen wissen wollen« 9,90 €, ebenfalls erschienen im Klopp Verlag.

WAS TUN, WENN ER EIN KONDOM UNEROTISCH FINDET?

Viele Jungen und Männer lehnen Kondome ab, weil sie sich davon abgetörnt fühlen. Auch Frauen finden die Gummis oft unerotisch. Dennoch solltest du dich nicht breitschlagen oder gehen lassen und ohne Kondom

mit ihm Sex haben. Vor allem dann nicht, wenn du ihn noch nicht so gut kennst. Ein verantwortungsvoller Junge, dem wirklich etwas an dir liegt, wird deine Bedenken verstehen. Denn schließlich kann Geschlechtsverkehr ja Folgen haben. Bei einem Jungen, der dich bedrängt, um vor allem zu seinem eigenen Vergnügen zu kommen, musst du damit rechnen, dass er auch nicht zu dir steht, wenn du schwanger wirst oder dir eine gefährliche Infektion eingehandelt hast.

94

Aus dem Überziehen des Kondoms könnt ihr ein gemeinsames Erlebnis machen. Übt beim Petting schon mal aus Spaß ein bisschen, ohne dann miteinander zu schlafen. Das schafft Vertrauen, nimmt die Hemmungen und den Druck.

Wenn es dann so weit ist, wisst ihr schon, wie ihr es angehen müsst.

Wenn er klagt, dass er mit Kondom beim Geschlechtsverkehr nichts empfinde, und dir allein die Verantwortung für die Verhütung überlässt, dann überlege noch mal genau, ob du wirklich mit ihm schlafen willst. Ein moderner Junge von heute weiß, dass Verhütung auch seine Sache ist, nicht nur die der Frau.

MERKT ER ES, WENN ICH IHM EINEN ORGASMUS VORTÄUSCHE?

Sonja (16):
»Obwohl ich meinen Freund Julius (17) sehr liebe, komme ich beim Sex mit ihm nie zum Orgasmus. Ich traue mich nicht, ihm das zu sagen, weil er unbedingt möchte, dass es mir kommt. Ich fühle mich auch überhaupt nicht wohl dabei, weil ich immer Angst habe, dass er merkt, dass ich ihm etwas vorspiele. Ich habe deswegen kaum noch Lust, mit ihm zu schlafen.«

Wenn du so tust, als wärst du zum Orgasmus gekommen, signalisierst du dem Partner, dass alles bestens ist und du nichts vermisst. Doch die Wahrheit sieht ganz anders aus. In Wirklichkeit verlierst du die Lust auf Sex und siehst gar keinen Sinn mehr darin, dich hinzugeben, wenn du ohnehin nichts davon hast. Du schadest mit diesem Verhalten also hauptsächlich dir selbst. Denn dass du nur so tust, als ob, merkt ein Mann in der Regel nicht. Er verlässt sich auf deine Reaktion und richtet sich danach. Ihn kannst du leicht täuschen, nicht aber dich selbst.

Damit du auch auf deine Kosten kommst, musst du deine Wünsche äußern. Nur so lernt dein Partner, was dir guttut und was nicht. Auf diese Weise könnt ihr euch gegenseitig entdecken und lernt, aufeinander einzugehen. Führe seine Hand an die Stellen, wo es bei dir am schönsten kribbelt, z. B. an der Klitoris zwischen den Schamlippen.

Kommst du aber trotz all seiner Bemühungen nicht zum Höhepunkt, dann sprich mit ihm darüber. Gemeinsam könnt ihr am besten herausfinden, warum es nicht klappt. Übung macht den Meister – auch beim Sex.

Wenn du ihm immer nur etwas vormachst, dann wird er unsicher und fühlt sich irgendwann als Versager – ein besonders schlimmes Gefühl für einen Mann.

Geht es allerdings um einen One-Night-Stand (s. Abschnitt: »One-Night-Stand: Sex für eine Nacht«, S. 90), dann spielt es keine große Rolle, wenn du ihm etwas vorspielst. Das Thema erledigt sich ja noch in dieser Nacht.

WARUM KOMME ICH NICHT, WENN ER MIT MIR SCHLÄFT? MACHE ICH ETWAS FALSCH ODER ER?

Der Orgasmus, auch Höhepunkt, Gipfel der Lust oder einfach »Kommen« genannt, beschäftigt die Menschen ein Leben lang. Viele Geschichten und Mythen ranken sich um ihn. Manche erleben ihn gleich mehrmals hintereinander, andere warten jahrelang vergeblich auf ihn. Wer keinen hat, hält sich oft für unnormal und hat ein großes Problem. Doch das ist Unsinn. Auf der Jagd nach dem Orgasmus sollte man sich nicht verrückt machen, denn er lässt sich nicht erzwingen.

Egal, ob du dich selbst befriedigst oder Sex mit dem Partner hast, alles wird vom Gehirn aus über Hormone gesteuert und beschert dir aufregende, prickelnde Gefühle, die zum Orgasmus führen können. Oft kommt es schneller zum Höhepunkt als erwartet, vor allem bei Jungen. Durch Rubbeln des Penis und Stimulieren der Klitoris könnt ihr eure Lust so steigern, dass sie sich im Orgasmus entlädt.

Nach einem sexuellen Höhepunkt flaut die Erregung stark ab, die Lust ist vorbei. Bei manchen dauert es ein paar Minuten, bis sie erneut empfangsbereit für sexuelle Zärtlichkeiten sind, bei anderen eine Stunde und mehr. Ein Orgasmus sorgt für Entspannung und momentane Glücksgefühle, weil dabei vom Hirn Glückshormone ausgeschüttet werden. Ein wunderbares Gefühl, das für ein paar Minuten Alltagsärger und -stress vergessen lässt.

Wenn du noch auf den Orgasmus wartest, es dir aber nie kommt, wenn du mit ihm schläfst, dann liegt das häufig an falschen und zu hohen Erwartungen. Möglicherweise hattest du längst einen sexuellen Höhepunkt und hast ihn gar nicht richtig wahrgenommen. Ein Orgasmus ist jedes Mal ein bisschen anders, und auch jeder Mensch erlebt ihn anders. Es gibt keine feste Regel, wie er sein muss. Man kann auch nichts falsch machen. Meist läuft ein Höhepunkt jedoch folgendermaßen ab:

Bei Mädchen beginnt ein Orgasmus mit rhythmischen Zuckungen im vorderen Bereich der Scheide. Diese wiederholen sich anfangs sehr schnell und werden dann langsamer, schwächer und können den ganzen Körper erfassen. Im Vergleich zu Jungs kann das Orgasmusgefühl bei Frauen länger anhalten – bis zu einer Minute. Danach flacht die Lust ab.

Ein Junge bekommt leichter einen Höhepunkt als ein Mädchen, und das kann man auch klar erkennen. Denn bei ihm kommen Samenerguss und Orgasmus meist gleichzeitig. Fließt oder spritzt Sperma aus seinem Penis, hatte er auch einen sexuellen Höhepunkt. Er kann im Gegensatz zu dir nichts vortäuschen. Das Orgasmusgefühl eines Mannes hält meist nur wenige Sekunden an, dann wird der Penis schlaff, Entspannung setzt ein.

 Wenn dir all diese Gefühle völlig unbekannt sein sollten, dann verkrampfst du dich womöglich so sehr, dass Sex ohnehin gar nicht möglich ist. Das liegt oft daran, dass Frauen Angst vor Schwangerschaft oder einer Enttäuschung haben. Auch belastende Erfahrungen im sexuellen Bereich, z. B. Missbrauch, wirken sich negativ auf das Sexualleben mit einem Partner aus. In so einem Fall solltest du dich so schnell wie möglich einem Psychotherapeuten anvertrauen. Die örtlichen Sexualberatungsstellen, z. B. Pro Familia, können dir weiterhelfen.

WIE KANN ICH IHM KLARMACHEN, DASS ICH SPASS AM SEX HABE, AUCH WENN ICH NICHT ZUM HÖHEPUNKT KOMME?

Arabella (17):
»Mein Freund meint immer, Sex könne mir keinen Spaß machen, wenn ich nicht zum Höhepunkt komme. Er gibt sich die Schuld, aber das ist falsch. Ich fühle mich trotzdem gut und vermisse nichts, wenn es mal nicht klappt. Ich weiß nicht, wie ich ihn noch davon überzeugen könnte, dass ich nicht jedes Mal einen Orgasmus haben muss.«

Es ist völlig richtig – jedes Mädchen und jeder Junge kann seine Lust auch ohne Orgasmus genießen. Trotzdem glauben über die Hälfte aller Jungs und etwa ein Drittel aller Mädchen, dass der sexuelle Höhepunkt das Wichtigste beim Sex sei. Der Orgasmus wird stark überbewertet. Die Medien spielen dabei eine große Rolle, denn sie zeigen uns täglich, wie angeblich leicht und auf welch akrobatische Weise man noch zum Orgasmus kommen könnte. Wer ständig so etwas vorgesetzt bekommt, glaubt am Ende, er sei nicht normal, wenn er die Dinge noch natürlich und entspannt betrachtet.

Sex ist aber kein Leistungssport und soll auch keiner werden. Je verbissener man einen Orgasmus herbeiführen will, desto schwieriger wird es, dass er überhaupt kommt. Sag deinem Partner, dass auch du von ihm keine Höchstleistung erwartest und du auch keine Lust hast, ihm etwas vorzuspielen. Es gibt so viele andere Spielarten des Sex, die gleichermaßen erfüllend sind. Ein intensives, ausgiebiges Petting bringt oft mehr, als zwanghaft etwas herbeiführen zu wollen, was in der momentanen Stimmung gerade nicht möglich ist.

Viele Männer halten sich für schlechte Liebhaber, wenn sie ihre Partnerin nicht zum Höhepunkt bringen. Das ist absoluter Quatsch! Wer sich beim Sex abrackert, nur um etwas herbeizuführen, was nicht immer möglich ist und auch nicht sein muss, der verpasst die wesentlichen und schönsten Momente.

Der Tag nach dem ersten Mal: Warum ist er plötzlich so komisch zu mir?

Egal, ob du das allererste Mal überhaupt mit einem Jungen geschlafen hast oder ob es das erste Mal mit deinem neuen Freund war – danach sieht die Welt manchmal ein bisschen anders aus. Bei einigen jungen Paaren hängt der Himmel voller Geigen, bei anderen machen sich erst einmal Unsicherheit und oft auch Schamgefühle breit. Jeder hat sich dem anderen im Rausch sexueller Lustgefühle völlig nackt gezeigt und hat nun nachträglich Angst, den Erwartungen des anderen vielleicht nicht entsprochen zu haben.

Mädchen haben ihre Fettpölsterchen offen gezeigt, und Jungen wissen nicht genau, ob sie mit ihrem Penis zufrieden war. Sie fragen sich insgeheim: Ob er ihr wohl groß genug war? Hätte ich vorsichtiger sein müssen? War alles okay, oder hat sie etwas vermisst? Hält sie mich jetzt für einen guten Liebhaber oder für einen Versager? Fragen, die ihm auf dem Herzen liegen, die er aber nicht laut stellen will. Stattdessen gibt er sich zurückhaltend, ein bisschen komisch und merkwürdig eben.

Um die seltsame Stimmung zu entspannen, solltest du auf ihn zugehen und ihm das Gefühl geben, dass es dir gefallen hat. Sag ihm, wie schön es für dich war, dass du ihn lieb hast und wie sehr du dich schon auf das nächste Mal freust. War es jedoch nicht besonders befriedigend für dich, aber du willst den Jungen nicht verlieren, dann mach ihm Mut. Das erste Mal geht oft daneben, gib ihm eine zweite Chance (s. auch Abschnitt: »Kann er mir beim ersten Mal wehtun?«, S. 77).

Du kannst ihm sagen, dass du es nicht ganz so toll fandest, aber zu viel Ehrlichkeit kann in diesem Fall auch verletzend für ihn sein. Wenn es nicht allzu schlimm für dich ist, dann ist es diplomatischer, die Sache herunterzu-

spielen, als sie durch Vorwürfe oder große Diskussionen aufzuwerten. Wenn die nächsten Male befriedigend für beide sind, ist das erste Mal nur noch ein Schmunzeln wert.

WESHALB ERZÄHLT ER HERUM, ICH SEI GUT IM BETT? WAS HEISST DAS ÜBERHAUPT GENAU?

Lisa (15):
»Ich war zwei Monate mit einem Jungen zusammen, der mich dann für eine andere verlassen hat. Das war schon schlimm genug, aber nun erzählt er auch noch herum, ich sei zwar total gut im Bett, aber das wär auch alles. Ich fühle mich sehr verletzt von solchen Sprüchen. Warum plaudert er so intime Dinge aus? Und was will er damit erreichen?«

So bitter es für dich sein mag: Das ist so platt gemeint, wie er es sagt. Du warst für ihn als Sex-Partnerin interessant und hast ihn zufriedengestellt. Aber als Mensch konnte er keinen größeren Gefallen an dir finden. Ganz klar, dass so eine Aussage verletzend für jede Frau ist. Damit wird sie zum Objekt degradiert und fühlt sich zu Recht benutzt.

Leider haben einige Männer wenig Gespür dafür, was ihre Partnerinnen verletzt und was ihnen schmeichelt. Eine Bemerkung wie »Die ist gut im Bett« halten sie oftmals gar für ein Kompliment an die Frau und können nicht verstehen, dass diese da ganz anderer Meinung ist. In jedem Fall ist es völlig instinktlos, so etwas öffentlich zu sagen. Doch damit will er auch ausdrücken, dass er etwas von Sex versteht, jede kriegen kann und deshalb in der Lage ist zu beurteilen, ob sie im Bett etwas »taugt« oder nicht. Um sich selbst als supertollen, coolen Typ zu präsentieren, benutzt er seine Partnerin praktisch noch einmal.

Das musst du dir nicht gefallen lassen. Wenn du die Kraft dazu findest, solltest du ihn zur Rede stellen und dir solche Bemerkungen verbitten. Wenn es dir aber zu wehtun würde, dich ihm gegenüberzustellen, dann hake es einfach ab und ignoriere es. Wer so etwas erzählt, findet erst einmal Zuhörer, die sich darüber amüsieren, aber andererseits disqualifiziert er sich damit auch selbst. Denn welches andere Mädchen will schon so einen Freund? Sie muss ja damit rechnen, dass es ihr genauso geht wie dir.

KANN ICH IHN FRAGEN, OB ICH GUT IM BETT BIN?

Natürlich kannst du ihn das fragen. Aber ob dich die Antwort zufriedenstellen wird? Erwarte jedenfalls nicht, dass er sich dazu ausführlich äußert. Männer sind in der Regel ohnehin viel wortkarger als Frauen, und wenn es dann auch noch um solch intime Dinge geht, verstummen sie oftmals ganz.

Vielleicht sagt er einfach »Ja« oder »Ist schon okay«. Dass er mit »Nein« antwortet, ist ziemlich unwahrscheinlich. Denn das könnte ja bedeuten, dass du traurig und enttäuscht bist und womöglich sogar ein paar Tränen verdrückst. Zumindest aber würde diese negative Auskunft eine Diskussion entfachen. All das will er nicht, dem geht er aus dem Weg.

Bevor du ihn fragst, frage lieber dich selbst: Warum willst du das wissen? Hast du das Gefühl, dass er im Bett mit dir etwas vermisst? Oder glaubst du, dass er nicht so sehr auf seine Kosten kommt, aber nichts sagt? Dann frage ihn klar: »Manchmal kommt es mir vor, als würdest du mehr Action wollen beim Sex. Stimmt das?«

Gut möglich, dass er auf diesen Anstoß gewartet hat und dann sagt, was Sache ist. Wenn er aber weiterhin schweigt, solltest du darüber nachdenken, ob dieser Junge wirklich der richtige für dich ist. Denn zu einer Beziehung gehört auch eine gewisse Offenheit dem Partner gegenüber.

Tut er nur so, als ob ihm Sex mit mir gefällt?

Es kommt immer auf den Typ Jungen an, ob er dir gegenüber ehrlich ist. Du kannst aber sicher davon ausgehen, dass es ihm mit dir gefällt, wenn er immer wieder intim werden möchte. Bleibt es bei einem Mal, hat es ihm wohl keinen großen Spaß gemacht. Das muss nicht ausschließlich an dir liegen, sondern kann auch mit bestimmten Umständen oder seinen eigenen Problemen zu tun haben, dass er z. B. das Gefühl hat, dich nicht richtig befriedigen zu können. In so einem Fall ist es am besten, ihr redet offen über das, was euch beschäftigt.

Nur selten spielen Jungen und Männer in so einem Fall etwas vor, sondern starten lieber einen neuen Versuch mit einer anderen Frau. Manche wollen sich nicht einer Auseinandersetzung stellen und treten gleich die Flucht nach vorne an. Sie können große Diskussionen und Aussprachen mit der Partnerin überhaupt nicht ausstehen und flüchten lieber davor.

Nun gibt es aber auch Jungen, denen das Mädchen leidtut und die es nicht fertigbringen, ihr reinen Wein einzugießen. Sie flüchten sich gern in Ausreden, wenn sie Sex möchte, oder ziehen sich ohne Worte immer mehr zurück. Schlimmstenfalls gehen sie dann bald mit einer anderen.

Du kannst ihn nicht zwingen, die Karten offen auf den Tisch zu legen. Aber wenn du das Gefühl hast, dass es im Bett nicht ganz stimmt zwischen euch und er sich auch entsprechend verhält, dann hake die Sache lieber ab, anstatt weiter darin herumzubohren. Damit tust du meist nur dir selbst weh – und ihm gehst du auch noch auf die Nerven.

WIE WICHTIG SIND FÜR EINEN JUNGEN GROSSE BRÜSTE?

Deine Brüste sind etwas sehr Persönliches. Sie sind ein Symbol der Weiblichkeit und gehören zu dir wie deine Haare, deine Augen, dein Mund. Viele Mädchen haben Angst, dass ihre Brüste zu groß oder zu klein sind, dass sie zu weit oben oder zu weit unten sitzen, dass sie hängen oder zu spitz abstehen. Kein Wunder, denn in den Medien sehen wir immer wieder perfekte Brustformen – doch dabei handelt es sich um ein Schönheitsideal, nicht um die Wirklichkeit. Die Brüste einer Frau haben mit Mode nichts zu tun. Wie sie aussehen, ist zum großen Teil erblich bedingt. Du kannst durch eine aufrechte Haltung, durch Bewegung, Pflege und gesunde Ernährung einen kleinen Teil dazu beitragen, damit dein Busen schön ist und bleibt.

Mädchen, die die Pille nehmen, meinen oft, dadurch würde ihr Busen größer. Das liegt daran, dass durch die Hormone in der Pille vorübergehend mehr Wasser im Brustgewebe eingelagert wird. Dadurch wirken sie etwas größer. Der Effekt verschwindet sofort wieder, wenn man die Pille absetzt.

Kerstin (15):
»Ich habe einen sehr kleinen Busen und wünsche mir nur, dass er noch wächst. Die Jungs, die ich kenne, schwärmen nämlich alle von großen Brüsten. Vor Kurzem hat mir einer so nebenbei erzählt, dass ihn ein bestimmtes Mädchen aus meiner Klasse nicht interessiert, weil die ja ›gar nichts in der Bluse hat‹. Ich bin total erschrocken, weil das genau auch mein Problem ist. Nun habe ich schon überlegt, ob ich mir die Brust vergrößern lassen soll, sonst bekomme ich doch nie einen Freund. Aber ich habe gehört, dass Ärzte das erst ab 18 machen. Stimmt das?«

Viele Jungen stehen auf größere Brüste. Aber nicht alle. Es gibt auch eine Menge Männer, die kleinere bevorzugen. Doch das sollte für dich nicht ausschlaggebend sein. Es kommt viel mehr auf die erotische Ausstrahlung an, die du auf das andere Geschlecht ausübst – und nicht auf die Größe deines Busens. Wenn ein Junge dich wirklich liebt, dann spielen die kleinen Schönheitsfehler eines Mädchens für ihn keine Rolle mehr. Dann mag er dich so, wie du bist, und will dich als Ganzes, nicht nur einen Teil von dir.

Wenn es ihm hauptsächlich um große Brüste geht, dann will er vielleicht mal herumprobieren und hat nichts Ernstes im Sinn. Natürlich gibt es auch Männer, die so sehr auf eine bestimmte Brustgröße fixiert sind, dass sie keine Kompromisse eingehen wollen. Aber wenn du nun partout einen langen, schlaksigen Boy willst, dann wirst du dich auch nicht mit einem kleinen, rundlichen einlassen. Die Geschmäcker sind zum Glück verschieden.

Auf keinen Fall solltest du über eine Schönheitsoperation nachdenken, nur um bei Männern besser landen zu können. Das steht in keinem Verhältnis. Überleg mal: Du lässt dir für einen Jungen die Brust vergrößern und ver- liebst dich danach in einen, der lieber kleine mag. Willst du sie dann wieder verkleinern lassen? Es gibt schreckliche Beispiele von Frauen, die sich immer wieder hin- und her- operieren ließen und es heute bitter bereuen.

Im Übrigen wird in deinem Alter ohnehin kein Arzt so einen Eingriff vornehmen. In Deutschland sind Brustvergrö- ßerungen erst ab 18 erlaubt, und das Wachstum der Brust

kann zudem bis ins 19. Lebensjahr hinein andauern. Wie schnell der Busen wächst, kann man nicht beeinflussen, auch nicht die endgültige Form und Größe.

Wenn die Brüste ausgewachsen sind und du sehr darunter leidest, weil sie deiner Meinung nach zu klein sind, kannst du ja noch mal darüber nachdenken, ob du sie operativ vergrößern lassen willst. Bedenke dabei aber, dass du freiwillig und ausschließlich aus Schönheitsgründen – ohne medizinische Notwendigkeit – in deinen gesunden Körper eingreifen lässt und dafür in der Regel auch mehrere Tausend Euro selbst bezahlen musst. Außerdem birgt jede Operation Risiken, die du bedenken und abwägen musst.

Nicht alle Frauen, die sich zu so einer Operation entschlossen haben, sind danach auch wirklich glücklich damit.

Verlangt ein Mann von dir eine Brustoperation und verspricht dir, dich danach für alle Zeiten zu lieben und bei dir zu bleiben, sollten alle Warnsignale bei dir leuchten. So einen kannst du vergessen. Er will nicht dich, sondern träumt von einem Ideal, das es nicht geben kann.

Kann ich meinen Busen auch verkleinern lassen?

Wenn du einen sehr großen, schweren Busen hast und dadurch Rückenprobleme bekommst, dann kannst du mit deinem Hausarzt oder Frauenarzt über eine Brustverkleinerung sprechen. In so einem Fall kann ein Eingriff wirklich sinnvoll sein. Kein Grund für eine Verkleinerung liegt aber vor, wenn du mitten im Wachstum steckst und nur schon ein Stück weiter bist als andere Mädchen. Wenn du dir Sorgen machst, sprich mit deinem Frauenarzt.

WIE SEXY WIRKT EIN BH AUF EINEN JUNGEN?

Wenn du keinen BH trägst, gibt es für einen Jungen nichts zu entblättern, und er landet gleich dort, wo er hin möchte, nämlich an deinen Brustwarzen. Ein Büstenhalter, kurz BH genannt, erhöht oft die Spannung. Gerade beim Vorspiel bietet es sich für einen Jungen an, ihn ganz langsam zu öffnen und sich so bei dir »voranzuarbeiten«. Das löst bei beiden beim Petting ein schönes Kribbeln aus und steigert außerdem die Lust. Ein BH hat also durchaus eine sexy Wirkung und sieht zudem noch gut aus.

Du kannst ja mal überlegen, ob du extra einen anziehst, wenn du mit ihm zusammen bist. Bei größeren Brüsten ist es ohnehin angebracht, einen BH zu tragen. Er macht nicht nur eine bessere Figur, sondern verhindert auch, dass das Bindegewebe der Brust frühzeitig erschlafft und du einen Hängebusen bekommst. Beim Sport sollten auch Mädchen mit kleinen Brüsten einen BH anziehen, am besten einen Extra-Sport-BH.

WAS SOLL ICH TUN, WENN IHM MEIN BUSEN NICHT GEFÄLLT?

Gabriela (16):
»Seit Kurzem habe ich einen neuen Freund. Er findet mich total hübsch, nur mein Busen gefällt ihm nicht, weil er ein bisschen hängt. ›Eigentlich hab ich mir vorgestellt, dass du feste Brüste hast‹, sagte er mir. Das hat mich sehr verletzt. Als er das gemerkt hat, lenkte er gleich ein und meinte, es sei ja nicht so schlimm, da könne man halt nichts machen. Aber warum sagt er so was dann?«

Möglicherweise hat dein Freund gar nichts Böses gedacht und war nur einen Tick zu ehrlich, als er dir das sagte. Trotzdem war es sehr ungeschickt von ihm. Er hat sich in seiner Fantasie vorgestellt, wie du nackt aussiehst – das machen Jungen und Männer oft –, und dann passte dein Busen nicht ganz in diese Vorstellung. Dass er aber gleich eingelenkt hat, ist ein Zeichen dafür, dass er bereit ist, die Realität zu akzeptieren. Sprich: Er mag dich auch mit leicht hängenden Brüsten.

Jede Frau will ihrem Partner gefallen, das ist ganz normal. Aber kaum eine sieht aus wie ein Model. Das ist aber kein Grund dafür, sich minderwertig zu fühlen. Auch viele Jungen und Männer entsprechen nicht dem Idealbild von Mädchen und Frauen. Doch im Gegensatz zu Frauen machen sich die meisten Männer halb so viele Gedanken darüber, wie sie dem anderen Geschlecht besser gefallen könnten. Grund genug für Frauen, ebenfalls selbstbewusst aufzutreten. Auch dann, wenn nicht alles an ihnen perfekt ist (s. auch Abschnitt: »Wie wichtig sind für einen Jungen große Brüste?«, S. 104).

WARUM ONANIERT ER MIT PORNOS, OBWOHL WIR REGELMÄSSIG SEX HABEN?

Blanca (15):
»Es war mir sehr peinlich, aber als ich zufällig ins Bad kam, stand dort mein Freund und befriedigte sich gerade selbst. Vor ihm lag ein Pornoheft. Ich bin erschrocken und habe die Tür gleich wieder zugemacht. Als ich ihn danach fragte, warum er das tut, wollte er darüber nicht sprechen. Nun mache ich mir Sorgen, ob etwas zwischen uns vielleicht nicht in Ordnung ist.«

Du bist verunsichert, weil du ihn ertappt hast. Und das auch noch mit einem Pornoheft. Lauter Fotos von nackten Frauen und Männern, die sich selbst befriedigen oder miteinander Sex haben. Sie sind in sehr freizügigen Posen abgebildet, du findest es billig und eklig. Und so etwas nimmt dein Freund als »Wichsvorlage«, wie man das im Volksmund nennt, um sich damit zu erregen und zu befriedigen. Es scheint ihm mit mir also nicht zu reichen, denkst du dir insgeheim.

Doch Selbstbefriedigung ist eine ganz eigene Form der Sexualität, die mit partnerschaftlichem Sex nichts zu tun hat. Selbst wer ein erfülltes Intimleben hat, befriedigt sich hin und wieder selbst. Fast alle Männer tun dies – bis ins hohe Alter. Aber auch viele Frauen.

Wenn du also deinen Freund ertappst, wenn er gerade onaniert, dann mach ihm keine Eifersuchtsszene, und schmolle deswegen auch nicht. Das heißt nicht, dass er dich nicht mehr liebt oder beim Sex mit dir keine Befriedigung findet. Es ist nur eine andere Art des Geschlechtslebens, die ihm allein gehört. Du hast natürlich das gleiche Recht, es dir selbst schön zu machen. Durch Onanieren, auch Masturbieren genannt, lernst du deinen Körper am besten kennen, was letzten Endes euch beiden beim Sex wieder zugutekommt.

WIE BRINGE ICH IHM BEI, DASS ICH SCHWANGER BIN?

Du weißt Bescheid über Verhütungsmittel, aber du hast keinen festen Freund. Deshalb nimmst du auch die Pille nicht, das ist ja gerade nicht nötig. Dann begegnet dir plötzlich ein Junge, der dir gefällt. Du bist Feuer und Flamme, ihr kommt ins Gespräch. Und dann ergibt eins das andere ...

Lea (17):

»Es war alles ganz spontan. Als ich Tonio (18) in der Disco kennenlernte, war mir schon bald klar: Da wird mehr draus! Dass dann alles gleich am ersten Abend passieren würde, ahnte ich ja nicht. Es ist eigentlich auch gar nicht mein Ding, sofort mitzugehen. Aber ich habe es getan. Ich ging mit in sein kleines Appartement, und dann ließ ich mich einfach treiben. Es war alles so schön, so innig, so wunderbar. Wir waren beide angeschickert und haben keinen Gedanken mehr an irgendeine Verhütung verschwendet. Von da an waren wir unzertrennlich.

Das böse Erwachen kam ein paar Wochen später. Meine Periode blieb aus, ich holte mir einen Schwangerschaftstest. Positiv! Auch mein Frauenarzt bestätigte mir das. Das ist eine Katastrophe für mich, weil ich noch zur Schule gehe und unbedingt mein Abitur machen will. Tonio macht eine Lehre und verdient nicht viel. Ich traue mich nicht, es ihm zu sagen. Aber ich muss es tun, bevor ihm meine Eltern eine Predigt halten. Die sind total sauer. Wie gehe ich es am besten an?«

Erst einmal solltest du selbst dir klar darüber werden, ob du das Baby unter diesen Umständen bekommen kannst und willst. Ein eigenes Kind ist eine sehr große und schwierige Aufgabe, die du nicht unterschätzen solltest. Ein Kind bedeutet nicht nur Glück und Freude, sondern auch Verzicht und Verantwortung. Dazu kommt, dass die Erziehung sehr anstrengend sein kann.

Du solltest schnellstmöglich deinem Freund sagen, was Sache ist. Es ist auch sein Baby, er trägt die gleiche Verantwortung wie du. Vielleicht freut er sich darüber. Dann überlegt ehrlich, ob ihr euch diesen neuen Umständen gewachsen fühlt und wie ihr das managen wollt. Bindet auch eure Eltern mit ein, denn ganz ohne sie geht es meist nicht, wenn die Eltern des Babys noch so jung sind wie ihr.

Will dein Freund damit jedoch nichts zu tun haben, dann versucht wenigstens, gemeinsam eine Lösung zu finden. Verbitte dir jeden Vorwurf, denn er hat sich genauso treiben lassen wie du und hat nicht verhütet.

Du kannst ihn nicht dazu zwingen, zu dir zu stehen, aber zu seinem Kind muss er stehen.

Schlimm und stressig wird es, wenn er die Vaterschaft abstreitet. Dann musst du mit einem oft nervenaufreibenden Papier- und Behördenkrieg rechnen, den man ohne Rechtsanwalt gar nicht bewältigen kann. Denn schließlich geht es auch um den Unterhalt für das Kind, um den er sich mit seinem Leugnen drücken will. Leider gibt es immer noch zu viele Männer, die sich aus ihrer Verantwortung stehlen wollen, obwohl sie genau wissen, dass das nicht rechtens ist.

Doch ein reiner Alimentezahler als Vater ist keine befriedigende Lösung. Ein Kind braucht und wünscht sich immer beide Eltern, auch wenn viele Frauen meinen, sie könnten Mutter und Vater in einem sein, und sich damit oft selbst total überfordern.

Bleibt keine andere Wahl, als ein Kind allein zu erziehen, dann sollte eine Mutter ihrem Kind den Vater nicht verschweigen oder gar über ihn schimpfen. Es ist sogar wichtig, den Kontakt zwischen Vater und Kind zu fördern, wenn er bereit dazu ist. Dabei darf es keine Rolle spielen, in welchem Verhältnis die Mutter zu diesem Mann steht. Es geht nur um das Kind. Du musst dann über deinen eigenen Schatten springen und mit seiner Existenz leben, auch wenn du noch so enttäuscht von ihm bist und ihn am liebsten nie mehr sehen würdest. Als Vater deines Kindes bleibt dir dieser Mann ein Leben lang erhalten.

Du siehst, es gehört ganz schön viel dazu, ein Baby zu bekommen. Es ist also durchaus sinnvoll, sich ehrlich zu fragen, ob du in deinem Alter wirklich schon reif und bereit dafür bist, einem kleinen, hilflosen Erdenbürger so viel Halt und Stütze zu geben, wie er braucht. Wenn du da in manchen Situationen selbst noch gern auf deine eigenen Eltern zurückgreifst, bist du noch nicht so weit. Es ist deine Entscheidung. Ich wünsche dir, dass du die richtige triffst.

KANN ER MICH ZU EINER ABTREIBUNG ZWINGEN?

Kein Mann kann eine Frau dazu zwingen, ihr Baby abzutreiben. Das ist sogar gesetzlich verboten. Dritte, also der Partner, deine oder seine Eltern, können wegen Nötigung bestraft werden, wenn sie dich zum Abbruch drängen oder drohen, keinen Unterhalt zu bezahlen.

Die Entscheidung liegt also alleine bei dir, und sie fällt keiner Frau leicht. Wer Gegenteiliges behauptet, der lügt. Du musst alleine mit den Folgen leben, die sich aus einer Mutterschaft wie auch aus einem Schwangerschaftsabbruch ergeben. Du stellst damit die Weichen für dein späteres Leben und solltest daher nur auf deine innere Stimme hören. Eine Beratung bei z. B. Pro Familia kann dir bei dieser Entscheidung sehr helfen.

Ein vernünftiger Junge wird dich nicht in eine Richtung drängen, sondern dir seine Vorschläge und/oder Bedenken unterbreiten und dann deine Entscheidung akzeptieren. Ihr könnt auch gemeinsam zu einer Beratung gehen, wenn du das möchtest. Am besten ist es natürlich, wenn ihr euch einig seid. Schließlich ist es auch ein gemeinsames Problem. In der schwierigen Phase vor dem Abbruch sollte er dir beistehen. Das macht vieles leichter.

Im Übrigen kannst du dich immer noch umentscheiden. Es kommt immer wieder vor, dass eine Frau, die sich zu einem Abbruch entschlossen hat, ihn im letzten Moment dann doch nicht durchführen lässt und das Baby bekommt. Du bist niemandem verpflichtet – nur dir selbst.

4. Aus, Schluss! Das Ende einer Liebe

Ich hab mit einem anderen rumgemacht. Soll ich ihm das sagen?

Wenn es gerade neu gefunkt hat zwischen dir und deinem Schwarm, dann schwebst du erst einmal auf Wolken und kannst gar nicht genug von ihm kriegen. Doch schon bald stellst du insgeheim fest, dass es auch noch andere Jungen gibt, die dir gefallen und denen du gefällst.

Vielleicht hast du dich über deinen Freund sogar geärgert, und dann ergab sich die Gelegenheit, mit einem anderen zu flirten, der auch ganz süß ist. Du hast dich treiben lassen und mit ihm geknutscht. Ihr habt euch in eine Ecke verkrümelt und gefummelt. Es hat dir gefallen, es hat geknistert wie damals, als du deinen Freund kennengelernt hast – bis dich das schlechte Gewissen gepackt hat. Denn eigentlich bist du ja mit einem Jungen zusammen, den du glaubtest zu lieben. Ihm wolltest du treu sein, wie du es umgekehrt auch von ihm erwartest. Und nun das!

Belinda (14):

»Als ich vor Kurzem mit einigen Freundinnen in der Disco war, habe ich einen voll süßen und hübschen Jungen kennengelernt, der mir sofort gefallen hat. Er hat mich auch nicht mehr aus den Augen gelassen, und irgendwann bin ich dann zu ihm hin und habe gefragt, wie er heißt. Er sagte, dass er sich nicht getraut habe, mich anzusprechen, weil ich bestimmt einen Freund hätte. Ich habe dann gelogen und gesagt, ich sei solo. Er war einfach so super de luxe, dass ich ihn nicht laufen lassen wollte – bloß wegen meinem Freund Matze.

Mit dem läuft es sowieso nicht so gut im Moment. Er will immer was mit seinen Kumpels machen und nie was mit mir. Es ist manchmal so, als ob ich gar keinen Freund hätte. Dann kann ich doch auch mal mit 'nem anderen rummachen, oder? Ich habe trotzdem ein schlechtes Gewissen und überlege, ob ich Matze beichten soll, dass da noch ein anderer ist. Aber der Neue weiß leider noch nicht genau, ob er mit mir gehen will. Wenn ich Matze nun etwas sage, und der Neue will nichts mehr von mir, dann habe ich gar keinen Freund. Das will ich auch nicht.«

Du bist stinkig auf Matze, weil er nicht genug Zeit für dich hat. Das ist unfair von ihm, aber auch ein Zeichen dafür, dass er sich noch nicht festlegen will. Wenn ein Junge sich eingeengt fühlt, befreit er sich aus der Umklammerung des Mädchens, redet meist nicht viel darüber und tut still und leise, was er will. Damit hofft er, Diskussionen mit dem Mädchen zu umgehen. Denn nichts mögen Jungen und Männer weniger, als sich mit einer Frau auseinanderzusetzen.

Doch genau das wäre nun nötig. Denn wer sich so leicht verführen lässt, obwohl er fest mit jemandem zusammen ist, dem fehlt etwas in der bestehenden Beziehung. Dazu kommt, dass gerade junge Leute noch herumprobieren, was ganz normal und auch wichtig ist. Dass man da seine Fühler in alle Richtungen ausstreckt, gehört zu deiner Entwicklung. Das gilt für Mädchen ebenso wie für Jungen.

Auch wenn es unangenehm ist, solltest du in so einem Fall mit deinem Freund reden und ihm erst einmal sagen, dass du etwas vermisst in eurer Beziehung, z. B. dass er sich zu wenig Zeit für dich nimmt oder du dir unsicher bist, ob er wirklich zu dir steht.

Dass du mal mit einem anderen rumgemacht hast, musst du ihm nicht gleich auf die Nase binden. Warte erst einmal seine Reaktion ab. Vielleicht sieht er ja seine Fehler ein, und dann solltest du ihm eine zweite Chance geben. Da würde dein Geständnis nur im Wege stehen. Wenn er aber damit rausrückt, dass er keine Lust mehr auf die Beziehung hat, kannst du ihm auch ruhig sagen, dass du das gespürt hast und dich anderweitig orientieren willst. Dass du das bereits getan hast, spielt dann keine Rolle mehr, und das kannst du für dich behalten. Du musst ihn ja zum Abschied nicht noch mal extra verletzen. Da kannst du großzügig sein.

Mündet diese Auseinandersetzung aber in einen bösen Streit, und du knallst ihm vor lauter Wut an den Kopf, dass du einen anderen hast, dann musst du wissen, dass eure Liebe damit wahrscheinlich beendet ist. Überlege dir gut, ob du das wirklich willst. Denn für einen Seitensprung seiner Liebsten hat ein Mann in der Regel überhaupt kein Verständnis. Selbst wenn er sagt: »Na ja, das kann ja mal vorkommen, ich verzeihe dir!«, nagt es in ihm, und es wird nie wieder, wie es einmal war.

In seinen Augen darf dir so etwas nämlich nicht passieren, er kommt darüber nicht

hinweg und hat dafür auch kein Verständnis. Selbst wenn er das sagt und schwört, du hast ihn in Selbstzweifel gestürzt – er vergisst nicht, dass du kurz mal einen anderen ihm vorgezogen hast. Eure Beziehung wird insgesamt darunter leiden, und du wirst dir noch oft wünschen, du hättest es ihm nie gebeichtet.

Fremdzugehen ist also im Grunde die beste Art, einen Jungen, mit dem du nicht mehr zusammen sein willst, loszuwerden. Es soll Mädchen und Frauen geben, die sogar einen Seitensprung erfinden, um die Beziehung zu beenden. Damit macht man ihm den Abschied sehr leicht, weil er sich in der Rolle des Betrogenen aalen kann. »So einer Schlampe trauere ich doch nicht nach! Ich gehe lieber!«, sagt er sich dann, lässt sich gerne ausgiebig von anderen Mädchen bedauern und fühlt sich schnell wieder stark.

Doch wenn alles zwischen euch in Ordnung ist, kommt es meist nicht zu solchen Situationen. Dass man auf fremde Fährten gerät, ist gerade bei Mädchen oft ein Zeichen dafür, dass etwas nicht stimmt. Viele Jungen dagegen gehen ohne besonderen Grund fremd, oftmals nur, weil sich die Gelegenheit bietet oder ein anderes Mädchen ihn gezielt ins Visier genommen hat (s. auch Abschnitt: »Warum fallen Jungen so oft auf Mädchen herein, die eine besondere Masche draufhaben?«, S. 143).

Für die meisten Jungen und Männer gibt es zwei Arten von Seitensprüngen.
Die eine ist verzeihlich, das sind ihre eigenen Seitensprünge. Die andere ist unverzeihlich, das sind die Seitensprünge des Mädchens bzw. der Frau. Auch wenn das unverständlich und unlogisch ist, es ist so.

Das mag seinen Ursprung in der frühen Geschichte der Menschheit haben, wo Männer ihre Kinder ausschließlich selbst zeugten, um das Überleben des Rudels zu sichern und kein anderes (möglicherweise schlechteres) Erbgut in die Sippschaft eindringen zu lassen. Das haben Forscher der Universität Bielefeld 2005 herausgefunden.

Es könnte eine mögliche Erklärung dafür sein, dass Männer aggressiver auf einen Seitensprung reagieren als Frauen. Ihnen ist die emotionale Treue ihres Partners häufig viel wichtiger als körperliche Treue, weil seine emotionale Abkehr in der Frühzeit den Tod von Frau und Kindern bedeuten konnte. Laut Forschung könnte das auch der Grund dafür sein, dass Frauen oft »deutlich gelassener« Seitensprünge hinnehmen als Männer.

HAT ER EIN SCHLECHTES GEWISSEN, WENN ER FREMDGEHT?

Wenn er dich betrügt, dann erwartest du zumindest, dass ihn das schlechte Gewissen plagt. Doch das ist nicht immer so. Jungen und Männer haben oft ein ganz eigenes Verständnis von Treue, das für Mädchen und Frauen meist nicht nachvollziehbar ist.

Da gibt es zum einen den ganz normalen Fremdgeher, der tatsächlich ein schlechtes Gewissen hat, wenn er aus einem fremden Bett steigt.

Aber das hält nicht lange an, denn er kann sich gut beruhigen und hat schnell eine ganze Reihe von Gründen bereit, warum das nun sein musste. Und vor allem: Du bist natürlich schuld daran, dass es so weit kam. Denn du hast oft keine Lust, lässt ihn nicht richtig ran, bist für ihn langweilig beim Sex, klammerst zu viel, meckerst zu oft oder bist überhaupt immer so kompliziert. Es gibt viele Gründe für ihn, seinen Seitensprung vor sich –

und wenn er auffliegt, vor dir – zu entschuldigen. Auch wenn du glaubst, es gäbe keine Gründe, alles sei bestens – sei sicher, er wird einen finden, von dem du selbst natürlich keine Ahnung hast. Aber das heißt ja nicht, dass er nichts mehr von dir will. Dich möchte er auch nicht missen! Doch er braucht eben seine Freiheit ...

Seitensprung-Typ Nummer zwei wird sich nicht sehr lange grämen und nach Rechtfertigungen für sich selbst suchen. Er konzentriert sich vielmehr ganz schnell darauf, wie er den Seitensprung geheim halten kann. Das ist der zentrale Punkt: Wie verhalte ich mich, damit sie nichts merkt? Und was sage ich, wenn sie misstrauisch wird und zu fragen beginnt? Eigentlich ist er ja mit dir ganz glücklich und liebt dich auch. Nur manchmal vergisst er eben, dass es dich gibt, und denkt nur an sich. Was das mit dir zu tun hat? Nichts! Und genau so sieht er es auch.

Es hat wenig Sinn, ihn zu fragen, warum er es getan hat. Du wirst auf eine Mauer des Schweigens stoßen. Das ist auch besser so, denn du würdest seine Erklärung ohnehin nicht verstehen, so wie er deine Fragen nicht versteht. Wie sollte er seinen Seitensprung auch erklären? Es gab ja keinen richtigen Grund, einfach nur seine Lust und eine Gelegenheit – und die Tatsache, dass er eben ein Mann ist. Oder wie würdest du das finden, wenn er sagt: »Na ja, sie war eben da und du nicht« oder »Ich war betrunken« oder »Sie ist halt mitgegangen, sonst interessiert sie mich nicht«. Das ist für dich bestimmt nicht akzeptabel, weil solche banalen Gründe dich nie zu einem Seitensprung bewegen könnten. Aber für Jungen und Männer reicht das oft. So einfach ist das.

In so einem Moment – wenn er fremdgegangen ist und sie spürt, dass da etwas ist, aber nichts Genaues weiß und erfährt – wird ganz deutlich, dass Frauen und Männer höchst unterschiedliche Wesen sind und in Wirklichkeit gar nicht harmonieren und zusammenpassen. Das mag eine Illusion für dich zerstören, aber es ist die nackte Wahrheit. Frage mal erwachsene Frauen, die schon einige Erfahrungen gesammelt haben. Sie werden dir das bestätigen. Trotzdem stürzt man sich immer wieder in das Abenteuer Zweisamkeit, weil man hofft: Dieses Mal wird es endlich richtig gut!

Das ist auch richtig so, denn schließlich gibt es immer wieder Ausnahmen und auch einige Jungen, die ganz anders sind als der Rest. Es lohnt sich also, am Ball zu bleiben. Gut Ding will Weile haben.

ICH HABE IHN BEIM KNUTSCHEN MIT EINER ANDEREN GESEHEN. WARUM STREITET ER ES AB?

Lucy (14):
»Es ist so gemein, was mein Freund (15) mit mir gemacht hat. Wir waren auf einer Party, und da hat er in einer Ecke mit einer anderen geflirtet und sogar geknutscht, obwohl ich ganz in der Nähe stand. Ich habe mich total geschämt und zurückgesetzt gefühlt. Am liebsten wäre ich hingegangen und hätte ihm und ihr eine gescheuert. Aber ich war so traurig, dass ich einfach weggelaufen bin. Einige Freundinnen haben dann auch noch gelacht, was mir noch extra wehgetan hat. Er lief mir kurz darauf nach und hat mich an der Bushaltestelle abgefangen. ›Du verstehst das falsch‹, wollte er mir erzählen, und er hätte gar nicht mit ihr geknutscht. Aber was gibt es da noch falsch zu verstehen? Ich habe es doch selbst gesehen.«

Du fühlst dich zu Recht verletzt. Ein Junge, der öffentlich vor deinen Augen mit einer anderen knutscht, ist es nicht wert, dass du ihm nachweinst. Dein Instinkt sagt dir ganz klar, dass es da nichts gibt, was man falsch verstehen könnte. Er hat keine Achtung vor dir, das ist schlimm genug. Und er weiß auch genau, dass er sich falsch benommen hat, aber er wird es nicht zugeben und versuchen, dich zu beruhigen. Wahrscheinlich sagt er noch, dass du grundlos eifersüchtig bist, dich nicht so haben sollst und das Ganze total harmlos war. Eigentlich liebe er ja nur dich.

Mach ihm ganz unmissverständlich klar, dass du so etwas nicht duldest. Keine weitere Diskussion. Aber ganz abgesehen von diesem eindeutigen Vorfall, der dich berechtigt auf die Palme bringt, gibt es auch Mädchen, die ihren Freund am liebsten total besitzen möchten und genau kontrollieren, was er tut, mit wem er spricht und ob er eine andere etwas zu freundlich anschaut. Frage dich mal ganz ehrlich, ob du vielleicht zu den Mädchen gehörst, die dann schon austicken. Das wäre dann dein Problem, an dem du arbeiten müsstest, und ein Zeichen von mangelndem Selbstbewusstsein.

Aber warum tut ein Junge das? Warum verletzt er dich so gemein in deiner Gegenwart? Die Antwort darauf ist nicht sehr schön: Wahrscheinlich ist eure Beziehung nicht mehr prickelnd und spannend genug für ihn. Das Herzklopfen ist abhandengekommen. Mit seinem öffentlichen Flirt signalisiert er: »Hey, schau mal, ich bin noch interessant, auch wenn du das vergessen hast! Du zeigst mir jedenfalls nie, dass du mich noch toll und aufregend findest.« Ein Flirt geht ja nicht nur von ihm aus, sondern auch von einem anderen Mädchen. Das bedeutet für ihn: Mit mir flirtet jemand, ich muss also interessant sein. Und plötzlich kommt der Junge, der dir zuletzt vielleicht ein bisschen langweilig und grau erschien, wieder in Stimmung und präsentiert sich dir als einer, der doch was draufhat. Überleg mal, ob du ihm in der letzten Zeit wirklich gezeigt hast, dass er für dich absolut unschlagbar ist.

Im Übrigen trifft das umgekehrt ebenso zu: Ein Mädchen, das mit einem anderen Jungen flirtet und bei ihm auch landen könnte, demonstriert ihrem Freund, dass sie viel begehrenswerter ist, als er meint. So kannst du ihn wieder auf die Spur bringen, wenn du unzufrieden bist. Aber Vorsicht, nicht übertreiben! Es darf sich nur um einen spielerischen Flirt handeln, sonst kannst du nicht mehr glaubwürdig erklären, dass das ganz harmlos war. Solche Spielchen können leicht missverstanden werden, deshalb solltest du genau abwägen, ob es sich lohnt oder nicht.

WIE GEHT ES, DASS ER SICH VON HEUTE AUF MORGEN IN EINE ANDERE VERLIEBEN KANN? HAT ER MICH DANN JE GELIEBT?

Es trifft dich wie ein Blitz. Du erfährst zufällig, dass dein Freund eine andere hat. Damit hättest du nie gerechnet! Du bist am Boden zerstört, heulst und hasst ihn. Oder ihr habt euch zwar ganz offiziell und in Frieden getrennt, aber kurz danach tröstet er sich schon wieder mit einer anderen. Du fragst dich: Ist das wirklich eine neue Beziehung, oder hat er dich womöglich schon die ganze Zeit betrogen, und du hast nichts gemerkt? Dabei habt ihr euch versprochen, Freunde zu bleiben. Dieses Schwein! Kaum ist es aus, hat er dich auch schon vergessen, während du noch überlegst, was schiefgelaufen ist, dass es nicht geklappt hat.

Mirja (16):

»Mein Freund Thorsten und ich waren ein Jahr zusammen. Die anderen hielten uns für ein Traumpaar. Doch da wir beide sehr viel für die Schule tun mussten, haben wir beschlossen, unser Verhältnis kurz ruhen zu lassen und erst in den Ferien wieder neu zu beleben. Wir wollten auch wissen, ob unsere Liebe stark genug ist, so einen Abstand auszuhalten. Wir schrieben uns SMS, telefonierten auch – alles sah ganz gut aus. Ich dachte sogar, dass wir die perfekte Beziehung haben. Doch dann beantwortete er meine SMS nicht mehr, das kam mir seltsam vor.

Ich habe dann nach der Schule auf ihn gewartet, um mit ihm zu reden. Doch ich war nicht die Einzige. Eine andere wartete auch auf ihn und lief ihm sogar entgegen. In mir brach alles zusammen. Erst wollte ich hingehen und ihm eine Szene machen. Aber dann habe ich ihn lieber auf dem Handy angerufen, während er eng umschlungen mit der anderen ging. Er ist ziemlich erschrocken, weil er es ja so nicht mehr abstreiten konnte. Wie kann er so etwas tun? Für mich ist es nun vorbei, und ich verstehe nicht, wie er von heute auf morgen mit einer anderen zusammen sein kann. Wahrscheinlich hat er mich ohnehin nie richtig geliebt. Ich bin schrecklich traurig.«

Wenn Jungen und Männer an eine Frau gerade nicht rankommen, aber sich eine Gelegenheit zum Sex bietet, dann nutzen sie diese gerne. Nicht immer, aber häufig. Zum Glück gibt es auch einige, die ihrer Partnerin treu sind. Aber viele Männer sehen kein Problem darin, mit einer anderen schnell mal Sex zu haben – das hat für sie mit Liebe nicht unbedingt etwas zu tun. Da geht es nur darum, der momentanen Lust nachzugeben (s. Abschnitt: »Kann ein Junge auch ohne Liebesgefühle mit mir schlafen?«, S. 89).

Im Übrigen ist für ihn eine Beziehung zu Ende, wenn Schluss gemacht wurde. Mädchen und Frauen hängen ihr oftmals noch nach, analysieren sie, hoffen darauf, dass doch noch einmal etwas daraus wird, und machen sich oft viele Illusionen – das trifft auf Jungen eher selten zu. Um nicht alleine zu sein, wendet er sich oft so schnell wie möglich einem anderen Mädchen zu. Das trifft auch im Fall von Mirja und Thorsten zu. Weil sie nicht für ihn da war und er zudem verunsichert war, ob das wirklich klappt mit der Trennung auf Probe, tröstete er sich mit einer anderen. Ob daraus wirklich mehr wird, ist für ihn im Moment nicht von Bedeutung. Er wartet ab, wie es sich entwickelt, und legt sich erst einmal nicht weiter fest.

WIE KOMME ICH DARÜBER HINWEG, WENN ER MICH SITZEN LÄSST?

Kim (15):

»Nie hätte ich gedacht, dass meine große Liebe so schnell zu Ende sein könnte. Seit mein Freund mir gesagt hat, dass es aus ist zwischen uns, weil er wieder frei sein möchte und keine feste Beziehung will, bin ich am Boden zerstört. Ich mache mir Vorwürfe, dass ich zu sehr geklammert habe.

Er hat gesagt, dass ihm meine Liebe zu viel geworden ist. Das verstehe ich nicht. Von Liebe kann man doch gar nicht genug kriegen. Ich habe schon so viel geweint, aber das ist ihm egal. Er will nicht mehr und geht auch nicht ans Telefon. Ich weiß gar nicht, wie ich das verkraften soll. Alle unsere Freunde haben gesagt, wir seien das ideale Paar und würden perfekt zusammenpassen. Sie sind auch entsetzt, dass er einfach so Schluss gemacht hat. Es gab ja keinen wirklichen Grund.

Über meine Mutter war ich auch sehr enttäuscht. Sie hat gelacht, als Schluss war. Und sie hat gesagt: ›Ja, so sind sie eben, die Männer. Daran musst du dich gewöhnen.‹ Aber daran will ich mich nicht gewöhnen, das ist ja schrecklich.«

Vorab: Es ist nicht fair von deiner Mutter, dass sie deinen Liebeskummer belächelt und nicht ernst nimmt. Leider hat sie recht, doch wer gerade verlassen wurde, will keine nüchternen Wahrheiten hören, sondern getröstet werden. Bestimmt hat sie es nicht böse gemeint, sondern wollte dir vielleicht nur signalisieren, dass ihr das auch schon mal in ähnlicher Form passiert ist. Dennoch hat sie sich ungeschickt verhalten. Das kannst du ihr bei Gelegenheit auch ruhig sagen.

Klammern ist im Übrigen oft der Grund, weshalb sich Jungen von Mädchen wieder zurückziehen. Sie fühlen sich eingeengt und in eine bestimmte Rolle gepresst. Davon war auch in diesem Buch immer wieder die Rede (s. auch Abschnitt: »Ich habe Angst, dass er mich wieder verlässt. Wie merke ich, ob er mich noch liebt?«, S. 65).

Wer klammert, will einen anderen Menschen festhalten und am liebsten keinen Schritt mehr ohne ihn machen. Doch das kann zum Stress werden – für beide Partner. Die Gedanken des einen kreisen nur noch um die eine Frage: Liebt er mich auch noch? Und der andere fühlt sich zunehmend bedrängt, kontrolliert, eingekreist. Er hat kaum noch Zeit für sich, das macht ihn unzufrieden. Aber weil er dich nicht verletzen will, nimmt er es zwar eine Weile hin, fühlt sich dabei jedoch genervt. Das macht eine Beziehung anstrengend. Und genau das können Jungen überhaupt nicht ausstehen. Da werfen sie lieber die Flinte ins Korn und machen Schluss.

Klammern können sowohl Mädchen als auch Jungen. Mädchen neigen mehr dazu, weil sie sich schneller vernachlässigt oder ungeliebt fühlen. Jungen dagegen fühlen sich schneller in ihrer Freiheit eingeschränkt. Das liegt daran, dass beide unterschiedlich erzogen werden. Aber natürlich gibt es auch Ausnahmen, wo es genau umgekehrt ist – und sich das Mädchen umklammert sieht, während der Junge ständig Angst hat, sie zu verlieren, und immerzu Liebesbeweise braucht.

Aber wie wirst du nun damit fertig, wenn er dich sitzen lässt? Wie kannst du deinen Ex am schnellsten vergessen? Manche helfen sich, indem sie viel unter Leute gehen und neue Bekanntschaften machen oder sich auf etwas anderes wie z. B. ein Hobby mehr konzentrieren. Sinnvoll ist es auch, sich wieder intensiver der Schule zu widmen, die ja unter einer Beziehung oft schwer leidet. Das mag dir vielleicht nicht so gut gefallen, doch wer etwas für seine Bildung tut, ist immer im Vorteil, tut sich selbst langfristig einen großen Gefallen und vergisst damit die Enttäuschung schneller. So kann man das Unangenehme gut mit dem Nützlichen verbinden und die grauen Liebeswolken vertreiben.

 ### Tipps, wie du eine Trennung am besten verarbeiten kannst

Egal, ob du verlassen worden bist oder selbst jemanden verlassen hast: Es tut weh. Du willst ihn vergessen, aber das geht nicht auf Knopfdruck. Erinnerungen lassen sich nicht einfach auslöschen. Dennoch solltest du daran arbeiten, damit du den Kopf wieder freibekommst und dich auf neue Dinge konzentrieren kannst:

✳ Spioniere ihm nicht hinterher! Er führt jetzt ein eigenes Leben ohne dich und bestimmt ganz alleine, was er tut, mit wem er sich trifft und mit wem er Sex hat. So hart es ist: Es geht dich nichts mehr an. Akzeptiere das.

✳ Frag nicht alle, die ihn kennen, nach ihm. Und kümmere dich auch nicht um das andere Mädchen, das du mit ihm zusammen gesehen hast. Damit triffst du nur dich selbst. Du leidest darunter, nicht er.

✳ Konzentriere dich auf dich selbst, und überlege, welche Fehler du in dieser Beziehung gemacht hast und was du verbessern könntest. Geh raus, sperre dich nicht zu Hause in Trauer ein. Jetzt ist es wichtig, dass du neues Selbstbewusstsein aufbaust. Das geht nur, wenn du wieder Freude und Spaß hast und dich mit anderen Dingen ablenkst.

✳ Verbanne alle seine E-Mails und Geschenke, sortiere die CDs aus, die ihr zusammen gerne gehört habt. Weg mit den Erinnerungen! Pack sie weg – zumindest so lange, bis du dich vom Trennungs- schock erholt hast. Wenn dein Zimmer erst mal frei ist von seinem »Geruch« und seiner Aura, dann geht es dir gleich besser, und die Erinnerungen schwinden immer mehr.

✳ Auch wenn's ganz leicht wäre, deinen Ex zum Sex zu verführen, und er auch bereit wäre, sich darauf ein- zulassen – lass es sein! Du gewinnst ihn damit nicht zurück, sondern tust nur dir selbst weh. Es kommen wieder Gefühle in dir hoch, die du nicht mehr brauchen kannst. Und danach erlebst du dann wie- der die große Enttäuschung. Das solltest du dir ersparen.

✳ Bemühe dich, ihn weitgehend aus deiner Fantasie zu streichen. Es bringt nichts, der Vergangenheit nachzuhängen. Schau lieber nach vorne, damit du wieder offen bist für neue Begegnungen.

✳ Vergiss die Vorstellung, du könntest mit ihm befreundet bleiben. Motto: »Wenn wir schon kein Paar mehr sind, dann können wir doch wenigstens Freunde bleiben. Dann wäre er immerhin nicht ganz verloren für mich.« Doch ihr wart ein Liebespaar und noch nie gute Freunde. Das sind zwei verschiedene Dinge. Dass man praktisch übergangslos plötzlich von der Partnerin zum Kumpel wird, funktioniert in der Praxis nur sehr, sehr selten. Du solltest außerdem bedenken, dass er einer guten Freundin auch erzählt, was er mit der neuen Partnerin unternommen hat, wie glücklich er ist, was ihn stört oder wie toll der Sex mit ihr ist. Alles Themen, über die gute Freunde gerne miteinander reden. Willst du das wirklich hören?

✳ Es ist besser, das vergangene Kapitel erst einmal ganz abzuschließen und einen gewissen Reifeprozess zuzulassen. Wenn du ihn dann immer noch sympathisch findest und als Freund willst, kannst du ja versuchen, ihn neu dafür zu gewinnen. Dann müssen aber die Altlasten aus eurer Beziehung komplett erledigt sein. Doch meist sieht man einige Zeit später die vergangene Liebe aus einem völlig anderen Blickwinkel. Viele fragen sich sogar: Was hat mir an diesem Jungen bloß so gefallen? Und verstehen sich selbst nicht mehr.

✳ Sich zu trennen ist das eine. Das Gewesene wirklich abzuhaken ist das andere. Wer sich innerlich nicht wirklich verabschiedet, nimmt sich die Chance, neu anzufangen. Schreib dir alles von der Seele! deinen Schmerz, deine Gefühle, einfach alles, was dich berührt. Du kannst ihn dann auch ruhig schriftlich beschimpfen, wenn es dir hilft, und das Ganze an ihn adressieren. Schick es aber nicht ab, sondern zerreiß oder verbrenn es, wenn du es noch mal laut gelesen und durchgeatmet hast. So ein Akt des Abschiednehmens ist sehr wichtig und macht deinen Kopf wieder klarer.

✳ So bitter eine Trennung ist, sie hat auch etwas Positives. Du kannst auf diese Weise lernen, mit deinen Gefühlen umzugehen, sie zu steuern. Denn du allein bestimmst, wie lange deine Trauer dauern soll und ob du schnellstmöglich nach vorne sehen und Neues anpacken willst.

✳ Auch wenn du noch so traurig bist, tu etwas für dich! Mach dich hübsch, triff dich mit Freundinnen, geh aus und flirte! Nur so zum Spaß, um festzustellen, dass es auch andere Jungen gibt, für die du begehrenswert bist.

✳ Und wenn du weinen willst, weil er dir nicht aus dem Kopf geht, dann lass die Tränen laufen. Du brauchst dich dafür nicht zu schämen. Das gehört auch zum Verarbeitungsprozess und ist ganz normal. Unterdrücke diese Gefühle nicht, das kostet zu viel Kraft, wäre uneffektiv und anstrengend. Und irgendwann muss es ohnehin raus.

✳ Ist es sogar so schlimm, dass du über Selbstmord nachdenkst, sprich unbedingt mit einer Person deines Vertrauens über deinen Kummer. Gibt es so eine in deinem näheren Umfeld nicht, wende dich an die örtlichen Jugendberatungsstellen, die es in jeder größeren Stadt gibt. Die Rufnummern findest du im Telefonbuch. Auch dein Hausarzt kann dir weiterhelfen.

WIE VERKRAFTET ER ES, WENN ICH MIT DER TRENNUNG NICHT FERTIG WERDE?

Du leidest und weinst nach einer Trennung, und du fragst dich, wie er damit fertig wird. Wie schnell kann er zur Tagesordnung übergehen? Ist es ihm egal, wie es dir geht? Oder hat er wenigstens ein schlechtes Gewissen?

Wie ein Junge damit umgeht, hängt ganz davon ab, was für ein Typ er ist. Einer, der sehr gut aussieht und an jedem Finger zehn Mädchen haben kann, tröstet sich oft recht schnell und hakt ab, was war. Er hält sich nicht mit großer Trauer auf, sondern fügt seiner Mädchensammlung eine weitere Trophäe hinzu. Oft ist ja auch ein anderes Mädchen der Grund, dass er Schluss macht. Ein besonders schnuckeliger Junge gehört einem eben oft nicht allein. Das solltest du berücksichtigen, wenn du dich in so einen verliebst. Er hat noch andere »Fans«, die möglicherweise schon Schlange stehen.

Und leider ist es häufig so: Wenn ein Mädchen einen Jungen will, nimmt es meist keine Rücksicht darauf, ob er gerade eine andere hat, sondern baggert so viel wie möglich, bis er schwach wird und dieser Schmeichelei erliegt. Frauen sind in diesem Punkt oft die größten Feinde anderer Frauen.

Anders verhält es sich, wenn er sehr verliebt in dich war und du ihn verlassen hast. Das geht auch an ihm nicht spurlos vorüber, egal, wie gut er aussieht und wie groß die Chancen sind, bei einer anderen zu landen. So eine Trennung beeinträchtigt sein Männlichkeitsgefühl, er kommt sich erniedrigt vor und ist in seinem Stolz verletzt. Das zu verarbeiten ist nicht einfach. Hinter seiner coolen Fassade verbirgt sich nämlich oft ein ganz und gar nicht cooler, sondern hochemotionaler Charakter. Doch – typisch Mann – das will er dir natürlich nicht zeigen. Lieber leidet er still.

Im Übrigen ist es auch so, dass viele Jungen und Männer lange nicht so gefühllos sind, wie gerne angenommen wird. Wenn es um Herzensangelegenheiten geht, sind sie oft viel engagierter und sensibler, als Mädchen und Frauen glauben. Dies ergab auch eine Umfrage der Bowling Green State University. Dabei wurden rund 1400 Schülerinnen und Schüler nach ihren Beziehungen gefragt.

Die Jungen berichteten von starken Gefühlen für ihre Partnerinnen und einer großen Unsicherheit in der Kommunikation mit ihnen. Viele sagten, es ginge ihnen nicht bloß darum, bei Mädchen zu landen. Sie hatten auch kein Problem damit,

dass die Entscheidungen in ihrer Beziehung meist von den Mädchen getroffen wurden.

Den großen Unterschied macht oft nur die Tatsache, dass Mädchen es offener zeigen, wenn sie leiden, während Jungen und Männer sich immer noch nicht gestatten, traurig zu sein. Das gilt als unmännlich. Doch der Schmerz ist deshalb nicht minder groß.

MEIN LIEBESKUMMER MACHT MICH FERTIG. WAS KANN ICH DAGEGEN TUN?

Liebeskummer ist ein Zustand, in dem du das Gefühl hast, dass es dir das Herz zerreißt und du nie mehr glücklich wirst. Du könntest nur noch heulen, und der Himmel hängt voller grauer Wolken. Egal, ob du nun gerade verlassen worden bist oder ob dein Schwarm einfach nicht anbeißt und stattdessen mit einer anderen rummacht, du befindest dich im Ausnahmezustand. Leider gibt es keine Medizin dagegen, da musst du einfach durch. Und das nicht nur dieses eine Mal, denn Liebeskummer kommt im Leben meist öfter vor. Es ist äußerst wichtig, dass du lernst, damit umzugehen und ihn auch abzuschließen. Erst dann bist du reif für eine neue Beziehung.

Auch wenn es im Moment sehr schlimm für dich sein mag – das Leben geht weiter, und es erwarten dich irgendwann einmal möglicherweise noch viel schönere Stunden mit einem ganz anderen Partner. Dann wirst du mit einem Schmunzeln daran zurückdenken, wie sehr du dich jetzt gegrämt hast. Das mag im Augenblick zwar kein Trost für dich sein, aber es soll dir signalisieren, dass nach jedem Regen auch immer wieder die Sonne scheint. So ist das in der Natur – und im Leben jedes Menschen (s. auch Abschnitt: »Ich habe Angst, dass es wieder wehtut, wenn ich mich auf eine neue Liebe einlasse. Soll ich es trotzdem wagen?«, S. 140).

 ### Hier ein paar wertvolle Tipps gegen deinen Liebeskummer:

✳ Schluck ihn nicht runter, weine dich aus, und trauere! Setz dir aber eine Frist, z. B. nächstes Wochenende. Am Montag früh muss es dann gut sein. Da konzentrierst du dich wieder auf andere Dinge.

✳ Schäme dich nicht für deinen Liebeskummer. Das kennt jeder, der einmal geliebt hat. Vertraue dich einer Freundin an oder einem anderen Menschen, der dich versteht. Aber überstrapaziere sie nicht, indem du immer wieder von vorne anfängst.

✳ Gönne dir selbst etwas, verwöhne dich! Mach einen Stadtbummel mit Freunden, geh ins Kino, leg dich gemütlich in die Badewanne, und koch dir deine Lieblingsspeise. Alles, was dich auf andere Gedanken bringt, tut dir jetzt gut.

✳ Gib dir Zeit, und werde nicht nervös, wenn du glaubst, du hättest deinen Liebeskummer überwunden, und dann kommt er doch wieder zurück. So wie die Liebe langsam wächst, so wird auch der Kummer nur langsam weniger.

✳ Lass deine Wut raus! Knall die Kissen gegen die Wand, oder schrei laut, z. B. in der freien Natur. Auf keinen Fall solltest du die Wut gegen dich selbst richten, dir irgendwie wehtun oder dich bestrafen.

Wie macht man Schluss, ohne dem anderen zu sehr wehzutun?

Wer verlassen wird, denkt meist, dass es nichts Schlimmeres gibt im Leben. Man fühlt sich zurückgestoßen, sitzen gelassen und verschmäht. Doch auch für den aktiven Part, der mit dem anderen Schluss macht, ist es oft ein schwerer Schritt, der einem zu schaffen macht. Wer sagt einem Menschen, den er mal geliebt hat, schon gerne, dass es aus ist?

Wenn du es trotzdem tun musst, wirst du deine Gründe dafür haben. Dennoch fürchtest du seine Reaktion, weil du nicht genau einschätzen kannst, was dich erwartet, wenn du die Karten auf den Tisch legst. du merkst jetzt, dass es gar nicht so einfach ist, immer ehrlich zu sein. Doch dieser harte Weg ist mit Sicherheit langfristig der bessere.

Viel bequemer wäre es natürlich, nichts zu sagen und abzuwarten. Doch irgendwann holt dich die Sache ein. Deshalb ist es am besten, du beißt in den sauren Apfel und sagst, was Sache ist. Das ist auf jeden Fall besser, als weiterhin so zu tun als ob und in Wirklichkeit längst keine Lust mehr auf den anderen zu haben. Dann kannst du dich ruhigen Gewissens im Spiegel anschauen, und der andere wird es dir – vielleicht auch erst viel später – danken, dass du ihm keine Show vorgespielt hast, sondern aufrichtig warst. Jeder kann mal in die Situation kommen, dem Freund sagen zu müssen, dass Schluss ist. Kaum eine Beziehung dauert ewig.

Derjenige, der Schluss macht, muss zwangsläufig damit rechnen, dass er der Böse ist, dem die Sympathien erst einmal entzogen werden. Das Mitleid gehört fast immer dem verlassenen Teil. Viele »Schlussmacher« haben auch Angst, dass es dem anderen danach schlecht geht und er womöglich droht: »Ich kann ohne dich nicht leben!« Das kann eine sehr große Belastung sein (s. auch Abschnitt: »Was tun, wenn er mir droht, sich etwas anzutun?«, S. 137).

Trotzdem gibt es keinen Grund, sich davon abhalten zu lassen, denn diese Sorgen sind meist unbegründet.

Es kommt vor allem auch darauf an, dass du dich möglichst ehrlich, offen, fair, direkt und einfühlsam zeigst. Am besten ist es, das in einem persönlichen Gespräch unter vier Augen zu tun. Das ist nicht immer leicht und erfordert auch Mut. Möglicherweise will er dich nach diesem Schock erst einmal nicht mehr hören und sehen, um mit seinen Gefühlen klarzukommen. Das musst du akzeptieren. Aber dein Noch-Partner hat ein Recht darauf, dass du ihm ehrlich sagst, warum du Schluss machst. Wer dem Partner die Wahrheit über seine Trennungsmotive vorenthält, der verletzt ihn erst recht und nimmt ihm die Chance, sich damit auseinanderzusetzen.

Wenn du dich z. B. in einen anderen Jungen verliebt hast oder dir seine Eifersucht endgültig zu viel geworden ist, dann gehört das auf den Tisch. Es ist viel verletzender und unwürdiger, wenn du die Frage nach dem Warum nur mit »Keine Ahnung, weiß nicht, ist eben so« beantwortest, und ein paar Tage später sieht dich dein Ex mit einem anderen flirten (s. auch Abschnitt: »Wie geht es, dass er sich von heute auf morgen in eine andere verlieben kann? Hat er mich dann je geliebt?«, S. 123).

Achte auch darauf, dass ihr euch nicht bei dir oder ihm zu Hause aussprecht, wo ihr miteinander die schönsten Stunden verbracht habt. Trefft euch lieber an einem neutralen Ort, z. B. in einem Park, und geht miteinander spazieren. Oder setzt euch in ein Café. So kannst du ihm in aller Ruhe erklären, dass und warum du dich trennen willst. Gib ihm vor allem auch die Gelegenheit, Fragen zu stellen. Wenn er weiß, woran eure Liebe gescheitert ist, kann er dieses Kapitel besser abschließen.

Wenn du unsicher bist, wie du dich in einer Trennungssituation verhalten sollst, dann behandle den anderen einfach so, wie du selbst behandelt werden möchtest, wenn sich jemand von dir trennt. Es ist zwar ehrenwert, wenn du ihn nicht verletzen willst, aber praktisch ist das unmöglich. Jemand, der gerade verlassen wird, ist immer verletzt. Ganz ohne Schmerz geht es bei einer Trennung nie ab. Damit muss der, der verlassen wird, fertig werden.

Doch oft geht es »Schlussmachern« auch gar nicht darum, den anderen zu schonen. Wer meint, es dem anderen nicht sagen zu können, weil dieser das nicht verkraften könne, übt falsche Rücksichtnahme. Meist steckt dahinter nur die Angst vor der Wut und Trauer, die die Trennungsabsicht beim anderen auslöst. Dies auszuhalten und damit klarzukommen, gehört aber auch zu einer Beziehung dazu. Damit muss derjenige, der gehen will, fertig werden. Jede Liebe, auch wenn sie zu Ende ist, sollte respektvoll behandelt werden. Eine Trennung ist ebenso Teil einer Beziehung wie die anfängliche Verliebtheit.

Schluss machen per SMS ist keine geeignete Art, dem ehemals so geliebten Menschen etwas so Wichtiges mitzuteilen. Also: Pack gleich das Handy weg, wenn du in Versuchung kommen solltest, deine Entscheidung mal schnell da reinzutippen. Dein Partner hat ein Recht darauf, dass du ihm bei dieser Mitteilung ins Gesicht schaust und dich nicht feige davor drückst. Wer das tut, zeigt sich konfliktscheu und gibt Anlass zu der Vermutung, dass er kein besonders starker Charakter ist.

Du kennst ihn gar nicht persönlich, sondern nur durch Internet-Chat, E-Mail, Telefon oder Brief? Doch auch hier gilt: Sag oder schreib ihm offen deine Gründe, warum du das Verhältnis nicht mehr aufrechterhalten willst, und entziehe dich nicht der Auseinandersetzung.

Was tun, wenn er mir droht, sich etwas anzutun?

Es gibt immer wieder Jungen und Mädchen und auch erwachsene Männer und Frauen, die glauben, ihren Partner halten zu können, wenn sie ihm damit drohen, sich umzubringen. Es gelingt aber in den wenigsten Fällen, den anderen damit umzustimmen. Und wenn doch, dann nur für kurze Zeit, denn wenn sich einer in der Beziehung nicht mehr wohlfühlt, wird er die nächstmögliche Gelegenheit nutzen, um Schluss zu machen. Es würde damit also höchstens etwas hinausgezögert, und die Zeit bis dahin ist meist auch kein Honigschlecken, weil die Partnerschaft nicht mehr auf freiwilliger Basis funktioniert, sondern auf Erpressung beruht.

Wenn dir dein Partner bei einer Trennung mit solchen Drohungen kommt, dann geh nicht darauf ein. Zeig ihm, dass du das unfair findest und dass es dich ärgert. Meist sind Aussagen wie »Das verkrafte ich nicht« oder »Dann will ich nicht mehr leben und bringe mich um« zum Glück nur Ausdruck der ersten Verzweiflung.

Doch falls wirklich mehr dahintersteckt und du deinem Ex-Partner tatsächlich zutraust, dass er Ernst macht und sich etwas antut, dann informiere so schnell wie möglich seine Eltern und Freunde und bitte sie, sich um ihn zu kümmern, ihn für eine Weile nicht aus den Augen zu lassen und ihn abzulenken. Du selbst solltest dich dann konsequent zurückziehen und dem anderen damit die Chance geben, das Geschehene zu verarbeiten.

Lass dir auf jeden Fall auch nicht einreden, dass dein Ex-Partner eine Trennung nicht verkraftet. Das stimmt nicht und wäre eine falsche Rücksichtnahme deinerseits. Jeder Mensch kann das Ende einer Beziehung

AUS, SCHLUSS!

verkraften. Die einen können es nur etwas schneller wegstecken, die anderen brauchen dafür länger. Es kommt immer darauf an, wie selbstbewusst ein Mensch ist und wie sehr er sich über diese Partnerschaft definiert hat.

WARUM VERLIEBE ICH MICH IMMER IN JUNGEN, DIE ES NICHT ERNST MEINEN?

Sharon (14):
»Es war vor Kurzem auf einer Party. Ich habe mit einem sehr süßen Jungen getanzt. Wir haben uns sogar geküsst, und er hat mir versprochen, dass wir uns wieder treffen. Ich habe ihn dann angerufen, aber er hat nur gelacht und gesagt: ›Ach so, das weiß ich gar nicht mehr. Also, eigentlich habe ich gar keine Zeit.‹ Das fand ich gemein, und ich habe dann einfach aus Enttäuschung gesagt, dass ich auch keine Zeit habe. Doch ich habe mich ganz schön geärgert, dass ich ihn überhaupt angerufen habe. Er hat ja gar nicht ernst gemeint, was er versprochen hat.«

Es ist immer ärgerlich, wenn man einen Korb bekommt. Man fühlt sich gedemütigt und hat das Gefühl, etwas gegeben, aber nichts zurückbekommen zu haben. Das passiert, weil du so sehnsüchtig einen Freund möchtest, und jeden, der dir einen kleinen Strohhalm reicht, für einen hältst, mit dem deine Träume in Erfüllung gehen könnten. Da sind Enttäuschungen vorprogrammiert. Es ist auf jeden Fall immer besser, wenn du weniger Erwartungen hast und dich lieber überraschen lässt.

Den Traumboy trifft man meist nur dann, wenn man gar nicht damit rechnet. Wer ihn gezielt sucht, wird bald merken, dass das nicht so richtig klappen will. Denn dann strahlst du etwas aus, was Jungen und Männer gerne die Flucht ergreifen lässt. Bestenfalls nutzen sie die Chance auf ein sexuelles Abenteuer, aber das ist ja nicht das, was du willst. Du möchtest einen Freund, mit dem du Freuden und Leiden teilen kannst – und das ist etwas, was sich ergeben und entwickeln muss. Das geht nicht auf Wunsch oder Bestellung (s. auch Abschnitt: »Warum wechselt meine Stimmung ständig: Liebt er mich wirklich oder nicht?«, S. 29).

Ein Junge, der spürt, dass er von einem Mädchen »gekrallt« wird, aber das gerade selbst nicht will, wehrt sich dagegen. Nur die wenigsten sagen klar, dass sie kein Interesse haben. Die meisten zögern, fühlen sich erst einmal geschmeichelt und bringen dann, wenn es Ernst werden soll, irgendwelche Ausreden, die nicht sehr überzeugend sind. Doch das ist ihnen egal – Hauptsache, sie haben wieder ihre Ruhe vor dem Mädchen. Wie sehr sie dann leidet, spielt für einen uninteressierten Jungen kaum eine Rolle, denn er wird immer eine Entschuldigung für sich finden, z. B. diese: »Ich habe ihr ja nichts versprochen! Da kann sie auch nichts erwarten! Was will sie überhaupt von mir?«

Es ist also nicht ratsam, wenn du dir gleich etwas versprichst und klammern willst, bloß weil du mal mit ihm getanzt oder dich nett unterhalten hast. Warte ab, erzähle ihm ein paar unverfängliche Dinge von dir, z. B. wann du

gerne wo hingehst, welche Schule und Klasse du besuchst – und wenn er mehr will, kannst du sicher sein, dass er dich findet –, und du vergibst dir nichts (s. auch Abschnitt: »Wie komme ich darüber hinweg, wenn er mich sitzen lässt?« – Stichwort: Klammern, S. 125).

Ich habe Angst, dass es wieder wehtut, wenn ich mich auf eine neue Liebe einlasse. Soll ich es trotzdem wagen?

Wer gerade eine Trennung erlebt hat, ist ein gebranntes Kind und will so etwas so schnell nicht noch einmal erleben. Doch es gibt auch viele Mädchen und Jungen, die sich dann gleich wieder in eine neue Beziehung stürzen, weil sie glauben, so alles vergessen zu können. Auch bei Erwachsenen ist es nicht ungewöhnlich, dass sie ruck, zuck einen neuen Partner haben.

Doch dieser Plan, den Trennungsschmerz mit einem neuen Partner zu betäuben, geht oft nicht auf. Denn so eine bittere Erfahrung will verarbeitet werden, und wer sofort in eine neue Beziehung flüchtet, schiebt diesen Prozess nur auf, aber löst ihn nicht, sodass auch die folgenden Partnerschaften keine gute Ausgangsbasis haben und oft schnell wieder scheitern. Es ist also besser, sich die Zeit zu nehmen und die Vergangenheit im Kopf und in der Seele erst einmal richtig zu begraben.

Wenn du dennoch gleich einen neuen Freund hast, dann sei fair zu ihm, und mache ihn nicht unbewusst zum Lückenfüller. Auch wenn er anfangs Verständnis für deinen Trennungskummer hat, auf Dauer erschöpft sich das. Du musst ihn gar nicht ständig mit deinem Ex vergleichen, er merkt auch so sehr schnell, ob und wie sehr du noch an seinem Vorgänger hängst. Es verletzt ihn, wenn immer so ein unsichtbarer Geist zwischen euch steht. Solange das so ist, habt ihr beide auch keine echte Chance, und er kann dir nicht wirklich nahekommen. Überlege mal, wie du dich fühlen würdest, wenn das umgekehrt der Fall wäre. Du hättest sicher auch keine Lust darauf, nur der Ersatz für seine Ex zu sein.

Schaffst du es noch nicht, deinen ehemaligen Freund ganz aus dem Kopf zu streichen, dann sag es dem Neuen ganz offen und ehrlich. Dann hat er immerhin die Chance, selbst zu entscheiden, ob und wie lange er da mitspielen will. Du hast nicht das Recht, mit seinen Gefühlen zu spielen, nur weil du mit deinen eigenen noch nicht im Reinen bist.

5. DU UND DAS ANDERE GESCHLECHT IM ALLGEMEINEN

WARUM FALLEN JUNGEN SO OFT AUF MÄDCHEN HEREIN, DIE EINE BESONDERE MASCHE DRAUFHABEN?

Während du dir den Kopf zerbrichst, wie du einen bestimmten Jungen an die Angel bekommen könntest, haben manch andere Mädchen gleich reihenweise Glück und bekommen in deinen Augen einfach jeden. Wie macht die das bloß? Ist es ihre Figur, die viel besser ist als meine? Sind es ihre Klamotten, ihre blauen Augen und die blonden Haare?, fragst du dich und bist ein bisschen neidisch. Oder ist sie einfach viel frecher als ich und denkt sich nichts dabei, einen Jungen anzumachen?

Nuria (15):

»Jedes Mal, wenn ich mich verknalle, kommt mir ein anderes Mädchen dazwischen, das schneller ist. Erst neulich habe ich überlegt, wie ich an den Jungen aus der Zehnten rankommen soll.

Da habe ich gesehen, wie Lisa aus meiner Klasse, die fast jeden anmacht, auch diesen Jungen um den Finger gewickelt hat. Sie hat sein T-Shirt bewundert, ihn vollgeschwatzt und sich gleich nach dem Unterricht mit ihm verabredet. Meine Freundin meinte auch: ›So schön ist die doch gar nicht, warum fliegen die Jungs so auf die?‹ Ich war auf jeden Fall sauer, weil ich natürlich jetzt erst mal keine Chancen bei ihm habe. Ich will mich aber auch nicht so aufdrängen, wie Lisa das tut. Warum fallen Jungs überhaupt auf so eine dumme Anmache herein?«

Jungen fallen nicht auf solche Maschen herein, sondern sehen das meist nur ganz praktisch. Wenn ein Mädchen ihnen den schwierigen Job des Eroberns abnimmt – und das tut Lisa –, dann greifen sie einfach zu, um eine weitere Erfahrung zu sammeln. Das hat auch mit Liebe nichts zu tun, sondern nur mit Neugier, einer guten Gelegenheit und geschmeichelter Eitelkeit. Du musst dir vorstellen, dass es für einen Jungen oft mit viel Stress verbunden ist, an ein Mädchen ranzukommen. Und wenn dann eine von sich aus die Initiative ergreift, nutzt er diese Chance erst mal (s. auch Abschnitt: »Was kann ich tun, wenn ich in ihn verliebt bin, er aber (noch) nicht in mich? Wie komme ich an ihn ran?«, S. 21).

Mädchen, die jede Gelegenheit nutzen, um mit Jungen zu flirten, wollen meist auch nur testen, wie sie ankommen. Manche haben so ein starkes Geltungsbedürfnis, dass sie immerzu nach neuer Bestätigung suchen, nicht nach Liebe. Es macht ihnen einfach nur Spaß – genauso wie den Jungen, die auf diese Angebote eingehen. Hin und wieder entwickelt sich daraus mehr, aber das ist eher selten der Fall.

Dann gibt es die Mädchen, die es verstehen, sich mit einem bestimmten kindlichen Augenaufschlag den Wünschen der Jungen geschickt anzupassen und so zu sein, wie diese es mögen. Das kann man verurteilen, aber es funktioniert – die Jungen fahren darauf erst einmal ab.

Natürlich sind da noch die Mädchen, die Jungen anmachen, mit ihnen schlafen und hoffen, dass sie auf diese Weise einen Freund bekommen. Doch das ist keine empfehlenswerte Methode, einen Jungen für sich zu gewinnen. Der spielt zwar einmal oder auch mehrmals mit, aber dass daraus eine echte Beziehung wird, ist sehr fraglich, weil für ihn schnell der Reiz weg ist und er sich nicht mehr herausgefordert fühlt, um das Mädchen kämpfen zu müssen. Das mag sich für dich zwar altmodisch anhören, aber letztlich haben sich Jungen und Männer in diesem Punkt seit Großvaters Zeiten nicht sehr verändert (s. auch Abschnitt: »Ist ein Junge anders verliebt als ein Mädchen? Was fühlt er?«, S. 33).

Mädchen und Frauen sehen andere Vertreterinnen ihres eigenen Geschlechts häufig sehr kritisch. Es kommt immer wieder vor, dass sie sich gegenseitig in die Suppe spucken und aller möglicher Bosheiten verdächtigen. Vor allem, wenn es um Jungen geht, kennt eine Frau der anderen gegenüber oft gar kein Pardon. »Zickenkriege« erschweren aber nur das tägliche Miteinander und bringen in der Regel gar nichts – außer bösem Blut. Und Jungen bzw. Männer amüsieren sich darüber und fühlen sich schnell wie ein goldenes Kalb, um das alle Frauen herumtanzen und das sie alle begehren. Denk darüber nach, ob du ihm wirklich so sehr schmeicheln willst.

Interessanterweise verhalten sich Jungen und Männer untereinander oft viel solidarischer und fairer als Mädchen und Frauen. Nach der Devise »Unter uns Männern« klopfen sie sich auf die Schultern, helfen sich gegenseitig und suchen gerne Abenteuer. In die Wolle kriegen sie sich, wenn es um das andere Geschlecht geht – also um dich.

Wenn ein Mann in seiner uralten Rolle als Jäger attraktives Wild erlegt hat, nämlich eine tolle Frau, dann betrachtet er sie instinktiv als seine Beute, seinen Besitz. Und wehe, ein anderer kommt ihm dazwischen und will ihm dies streitig machen! Dieses Verhalten aus längst vergangener Zeit ist bis heute in den meisten Jungen fest verankert. Um größeren Zank zu vermeiden, sollten Mädchen daher auch in ihrem eigenen Interesse solche Situationen nicht provozieren, da so etwas für alle Beteiligten oft unangenehm enden kann.

Viele Mädchen und Frauen dagegen beäugen sich mit missgünstigem, musterndem Blick oder glauben oft, den anderen vermeintlich gute Ratschläge geben zu müssen, wie z. B. »Was hast du denn an? Ich zeige dir mal, wo es schicke T-Shirts gibt.« oder »Ich weiß eine gute Diät, damit nimmst du ganz schnell ab«. Dass solche oder ähnliche Bemerkungen beleidigend sind, ist oft insgeheim beabsichtigt, häufig fallen sie aber auch unüberlegt. Du solltest gleich kontern, wenn du so etwas zu hören bekommst: »Warum sagst du so etwas zu mir? Ich ziehe mich an, wie ich will.« Oder: »Ich brauche deine Diät nicht, vielen Dank.«

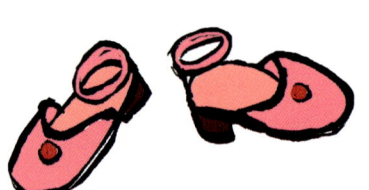

Auch wenn es dir schwerfällt, sei freundlich dabei, aber bleib direkt. Wenn du diese Sprüche nämlich einfach so hinnimmst, wirst du dich vor »guten Ratschlägen« gar nicht mehr retten können und wirst automatisch in eine passive Rolle gedrängt – nämlich in die des ungeschickten Dummchens, das dann auch in Sachen Jungs keine Gefahr mehr für die Stänkerin ist.

Zum Glück gibt es aber auch sehr viele nette Mädchen und Frauen, die sich fair, tolerant und ehrlich den anderen gegenüber verhalten. Diese als Freundinnen herauszufiltern und für sich zu gewinnen, ist jedoch ähnlich schwer, wie den richtigen Jungen zu finden.

HABEN JUNGEN ANGST VOR STARKEN MÄDCHEN UND FRAUEN?

Ein starkes Mädchen, das weiß, was sie will, und ein klares Ziel verfolgt, wird von vielen bewundert. Auch von Jungen. Doch wenn es darum geht, mit einem sehr selbstbewussten, klugen und vielleicht sogar überlegenen Mädchen eine Beziehung einzugehen, bekommen viele Jungen kalte Füße und kneifen. Sie haben Angst, von ihr untergebuttert zu werden und in ihrer Rolle als Mann nicht mehr genug zur Geltung zu kommen. Mit anderen Worten: Wenn sie ihm die Show stiehlt und geschickter und cleverer agiert, dann hat ein durchschnittlicher Junge und Mann oft ein Problem.

Nur Jungen, die selbst sehr klug und souverän sind, kommen damit zurecht. Sie sind nicht nur in der Lage, dies zu akzeptieren, sondern auch anzuerkennen. Bestenfalls sind sie sogar stolz auf dich. Dies wäre dann der Idealfall, der zum Glück immer häufiger vorkommt. Auf dieser Ebene kann auch ein guter Ausgleich stattfinden, denn was der eine nicht kann, macht ganz selbstverständlich der andere. Und keiner ist eifersüchtig auf bestimmte Talente seines Partners, die er selbst nicht hat.

Jungen und Männer, die ihren Mädchen und Frauen in vielen Punkten unterlegen sind, es aber vor sich selbst nicht zugeben wollen, stauen im Laufe der Zeit deswegen oft viel Groll an. Sie fürchten instinktiv um ihre Männlichkeit und die »Chefrolle«. Das führt leicht zu Aggressionen. So kann es passieren, dass er dir gegenüber manchmal überreagiert und versucht, dich zu demütigen und niederzumachen. Schlimmstenfalls wird er aus lauter Hilflosigkeit, weil er sich dir gegenüber klein fühlt, aber dies natürlich selbst nicht wahrhaben will und schon gleich gar nicht laut ausspricht, auch handgreiflich und schlägt zu.

Dies darfst du dir unter keinen Umständen gefallen lassen. Wenn er einmal die Hand gegen dich erhebt, sollte die Beziehung für dich umgehend beendet sein. Auch wenn er danach auf die Knie fällt, dich um Verzeihung bittet und hoch und heilig verspricht, das nie wieder zu tun, solltest du konsequent sein und ihn verlassen. Denn du kannst sicher sein: Wenn er einmal zugeschlagen hat, und du hast ihm verziehen – dann weiß er, dass er mit dir machen kann, was er will. Du wirst es ihm jedes Mal wieder vergeben, wenn er danach nur eindringlich genug verspricht, sich nie wieder so zu vergessen.

Ein Junge bzw. Mann, der merkt, dass er seine Partnerin mit Zuschlagen »züchtigen« kann, fühlt sich immer stärker und übertüncht damit die Wirklichkeit: dass er nämlich der Schwächere ist. Und du als die in Wahrheit Stärkere verlierst so immer mehr an Selbstbewusstsein, bis du dich tatsächlich klein und wertlos fühlst. Dann hätte er sein schreckliches Ziel erreicht. Deshalb mach die Fliege, wenn er nicht damit leben kann, dass du mehr kannst, weißt und bringst als er.

Was genau ist der Unterschied zwischen Macho und Softie?

Ein Macho ist ein Mann, der sich übertrieben maskulin gibt und sich von vorne bis hinten bedienen lässt. Natürlich auch im Bett. Er ist total von sich überzeugt, hat keine Selbstzweifel und glaubt, um Klassen besser auszusehen als andere. Er fühlt sich wie der großartigste Mann weit und breit und tönt großspurig, dass er jedes Mädchen oder jede Frau bekommen könne, die er wolle. Springt sie nicht, wie er sich das vorstellt, ist sie für ihn lesbisch. Einem wie ihm gibt man doch keinen Korb!

Inga (14):
»Bei uns an der Schule gibt es einen Jungen, der immer im Mittelpunkt steht. Seine Kumpels tanzen nach seiner Pfeife, obwohl er sie total fies behandelt. Leider gibt es auch viele Mädchen, die auf ihn stehen, obwohl er keiner treu ist. Neulich hat eine gesagt, mit dem sei wenigstens Action im Bett. Er wäre nicht so 'ne Schlaftablette. Trotzdem war er auch mit ihr nur kurz zusammen und schaut sie heute nicht mal mehr an. Wieso verteidigt sie ihn überhaupt noch?«

Machos wirken oft faszinierend auf Frauen. Das wissen sie auch, und viele Frauen fallen darauf herein. Häufig nicht nur ein Mal, sondern immer wieder. Sie lassen sich benutzen, demütigen und sind dennoch stolz darauf, mit einem wie ihm zusammen zu sein. Er macht ihnen ja auch regelmäßig klar, was für ein Supertyp er ist und dass sie außer ihm ohnehin nie mehr einen Partner abbekommen würden. Er hält sie klein, damit er der Größte sein kann. Sie verteidigen ihn, stehen zu ihm und brauchen oft sehr lange, bis sie realisieren, mit was für einem Mann sie es da wirklich zu tun haben.

149

In der Regel handelt es sich dabei um Mädchen und Frauen, die wenig Selbstbewusstsein haben und sich für ihren Macho geradezu selbst aufgeben. Für Außenstehende ist das meist unverständlich. In der Regel kann man betroffenen Frauen aber auch nicht helfen. Sie müssen selbst einsehen, dass sie mit so einem Mann nur unglücklich werden können. Aber es bedarf oft vieler sehr schlechter Erfahrungen, bis sie es schaffen, sich von ihrem Macho zu lösen.

Gerade beim Sex spielen Machos oft ihre Macht aus und demonstrieren ihrer Partnerin, wer der Chef ist. Sie selbst kommt dabei nicht selten zu kurz, aber hat oft schon verinnerlicht, dass sie hauptsächlich dazu da ist, um ihm ein lustvolles Erlebnis zu ermöglichen.

Zum Glück gibt es auch unter Machos große Unterschiede. Nicht jeder Junge, der sich wie einer aufspielt, ist auch ein Macho. Manche meinen, so männlicher zu wirken und in dieser Rolle besser bei Mädchen und Frauen punkten zu können. Am Ende entpuppt sich so mancher Möchtegern-Macho dann sogar als ausgesprochener Softie mit Verständnis und Einfühlungsvermögen.

Der Softie wird gerne belächelt, weil er angeblich nicht dem klassischen Männerbild entspricht. Oftmals wird er auch abwertend »Weichei« genannt, was in der Regel eine gezielte Beleidigung sein soll. Machos amüsieren sich über ihn, den »Frauenversteher«. Damit wird auch zum Ausdruck gebracht, dass es zum einen unnötig und zum anderen unmännlich sei, eine Frau verstehen zu wollen. Kaum ein Mann wird sich selbst als Softie bezeichnen, das überlässt er den Frauen.

Doch der Softie hat viele wunderbare Qualitäten, die Mädchen und Frauen guttun: Er nimmt sie ernst, hat

Respekt vor ihnen, ist hilfsbereit und behandelt sie ganz selbstverständlich gleichwertig. Und trotzdem ist er ein richtiger Mann. Er lässt seine Männlichkeit nur nicht ständig heraushängen. Wie angenehm!

Natürlich gibt es auch Jungen oder Männer, die sich ihrer Freundin völlig unterordnen und sie alle Entscheidungen treffen lassen. Das kann schnell langweilig und anstrengend werden. Auf solche Jungen trifft wohl am ehesten die Bezeichnung »Weichei« zu.

WARUM KANN MAN MIT VIELEN JUNGEN NICHT SO OFFEN REDEN WIE MIT MÄDCHEN?

Leider sind viele Jungen nicht sehr gesprächig. Speziell, wenn es um Themen geht, die sie nicht interessieren, schweigen sie lieber und lassen die Mädchen reden. Es liegt in der Natur des Mannes, dass er sich am liebsten mit seinen Kumpels über Fußball, Autos oder sonstige Motoren und Maschinen unterhält. Auch Computer und Computerspiele sind ein beliebter Gesprächsstoff.

Was Intimitäten und Gefühle betrifft – die behält er lieber für sich (s. auch Abschnitt: »Warum sagt er so selten, dass er mich liebt?«, S. 48).

Du kannst also ziemlich sicher sein, dass er sich nicht mit irgendeinem anderen Jungen darüber austauscht, ob und welche Probleme er mit dir hat. Allerdings ist er in diesem Punkt auch dir gegenüber eher schweigsam. Wenn du etwas erfahren willst, musst du eine gute Gelegenheit abpassen und es geschickt einfädeln, um ihn zum Reden zu bringen. Er sollte allerdings nicht das Gefühl haben, ausgefragt zu werden, denn dann macht er wieder dicht. Diplomatie ist also gefragt.

So richtig klönen und klatschen wie mit einer Freundin ist mit einem Jungen meist nicht möglich. Das ändert sich auch später nicht. Männer nennen solche Runden zwischen Frauen schnell »Gequatsche« und ziehen sich lieber zurück, als daran teilzunehmen. »Wie kann man nur so viel erzählen?«, fragt er dann. »Was und wen habt ihr denn wieder durch den Kakao gezogen?« Es ist ihm einfach unverständlich, dass viele Mädchen und Frauen sich so ausführlich miteinander unterhalten können. Worüber?, fragt er sich dann und fürchtet insgeheim, dass es dabei auch um ihn geht. Ein Gedanke, der ihm überhaupt nicht gefällt (s. auch Abschnitt: »Warum hat er etwas gegen meine Freundinnen?«, S. 54).

WIESO SAGT ER, DASS ER MICH ANRUFT — UND DANN TUT ER ES NICHT?

Elena (14):
»Am Wochenende habe ich auf einer Party einen Jungen kennengelernt, der mir voll gut gefällt. Ich hätte ihn so gern als meinen Freund, und er hat mir auch versprochen, dass er mich ganz sicher anruft. Doch nun warte ich schon seit drei Tagen, aber er meldet sich nicht. Es kam auch keine SMS. Warum?«

Das hat meist keinen tieferen Grund. Jungen interpretieren in eine nette Partybegegnung nicht so viel hinein wie Mädchen. Wenn sie sich nicht selbst total verknallt haben, vergessen sie so etwas schnell wieder. Und genau deshalb kommt auch der versprochene Anruf nicht. Außerdem ist es ihm lästig, schon wieder etwas tun zu müssen. Seine Eltern wollen ständig etwas von ihm, in der Schule machen die Lehrer Druck – und dann noch du! Das ist ihm zu viel, da klinkt er sich einfach aus.

Viele Jungen und Männer mögen es unverbindlich, Verpflichtungen irgendwelcher Art sind nicht ihr Ding. Da fühlen sie sich eingeengt, in ihrer Freiheit beschnitten und kneifen dann. Das mag für dich als zuverlässiges Mädchen, das gerne Klarheit hat, schwer zu verstehen sein, aber es ist ganz einfach so – und das bleibt auch meist so. Männer sind eben anders.

Viele erwachsene Frauen, die in einer festen Beziehung leben und sich z. B. ein Baby wünschen, müssen erleben, dass er dazu überhaupt noch nicht bereit ist, sich nicht reif fühlt und sich nicht festlegen will – obwohl er schon längst über 30 Jahre alt ist. Das kommt häufig vor und führt auch immer wieder zu Trennungen.

WARUM WOLLEN DIE MEISTEN JUNGEN NUR SUPERSCHLANKE MÄDCHEN? HAT MAN ALS PUMMELIGES, DICKES MÄDCHEN BEI IHNEN ÜBERHAUPT EINE CHANCE?

Der Trend der heutigen Zeit heißt leider: Je magerer ein Mädchen ist, für desto attraktiver wird es gehalten. Doch das stimmt nicht, und danach musst du dich auch nicht richten. Im Gegenteil! Es ist sehr ungesund, sich selbst das Essen zu verbieten und womöglich mit einem kleinen Becher fettarmen Joghurt oder einem Apfel pro Tag auszukommen, nur um kein Gramm zuzunehmen. Mädchen, die so leben, sind krank und müssen ärztlich behandelt werden. Eine solche Mangelernährung hinterlässt gesundheitlich auch ihre Spuren, der ganze Körper leidet darunter.

Zudem ist es ein weitverbreiteter Irrtum, dass alle Jungen und Männer nur auf superschlanke Mädchen vom Typ Model stehen. Sehr viele bevorzugen eher weibliche Formen. Mädchen, die immer nur in Salatblättern herumstochern und jedes feine Essen mit der Bemerkung »Oh nein, lieber nicht, ich muss abnehmen« ablehnen, sind den meisten Jungen ein Gräuel. Für sie ist das ein Zeichen, dass sich dieses Mädchen ein Stück Lebensfreude versagt und deshalb wahrscheinlich »auch zickig und oft schlecht gelaunt ist«. Du siehst – es macht auf Jungen also keinen großen Eindruck, wenn du dich selbst zu sehr quälst. In der Regel ist es sogar so, dass sie es nicht einmal merken, wenn du zwei Kilo abgenommen hast.

Ganz anders sieht die Welt jedoch aus, wenn du wirklich mehr Kilos auf die Waage bringst, als gesund ist, und dein Leben aus Diäten, Verzichten und schlechtem Gewissen besteht. Wenn du dich im Spiegel anschaust, könntest du heulen, und wenn du die anderen Mädchen mit ihren grazilen Figuren siehst, packt dich einfach der Neid. Mich will doch sowieso keiner!, sagst du dir insgeheim, weil du spürst, dass sich die Jungen nicht um dich reißen. Du leidest wie ein Hund. Wie soll das bloß weitergehen?

Tamara (16):
»Es ist schrecklich, ich bin viel zu dick. Ich habe schon so oft versucht abzunehmen, es aber leider nie durchgehalten. Mit vielen Jungen komme ich sehr gut zurecht, aber nur so als Kumpel. Mehr will keiner von mir, und ich traue mich auch nicht, einen anzumachen. Neulich habe ich gehört, wie einer hinter meinem Rücken mit einem anderen über mich geredet hat. Er sagte: »Was willst du denn mit der, diesem Pudding-Dampfer?« Das hat mich sehr getroffen, weil ich dachte, die Jungen wären ganz okay. Ich will sie überhaupt nicht mehr sehen, so sehr ärgert mich das.«

Pummelige, dicke Mädchen, die mit ihrem Übergewicht kämpfen, haben es oft nicht leicht, weil sie die gleichen Wünsche und Sehnsüchte haben wie schlanke Girls, aber ihre Chancen in der Tat wesentlich kleiner sind. Das tut weh und mag dir ungerecht erscheinen, doch dabei solltest du nicht vergessen, dass viele schlanke Mädchen oft darunter leiden, dass sie nicht perfekt sind. Sie finden ihre Haare, ihr Gesicht oder ihre dünnen Beine nicht schön und hätten vielleicht gerne größere Brüste. Schlanksein allein macht also auch nicht glücklich.

Im Übrigen solltest du die ganze Sache ruhig einmal umgekehrt betrachten: Auch die meisten Jungen sind keine Model-Typen. Sie sehen – genau wie die Mehrheit der Mädchen – durchschnittlich aus, haben oft viele Komplexe und die Angst, bei keiner landen zu können. Bei einem äußerst attraktiven Mädchen hat ein ganz normaler Junge meist wenig Chancen, denn sie kann sich aussuchen, welchen sie will, und hat die Qual der Wahl.

Der Kumpel des ganz normalen Jungen, der vielleicht ein Sprücheklopfer ist, aber immer perfekt durchgestylt und selbstbewusst, ist ihm da um Längen voraus. Das bedeutet aber nicht, dass aus den beiden, die auf den ersten Blick alles bekommen können, was sie wollen, in jedem Fall ein glückliches Paar wird; denn wenn Äußerlichkeiten eine so wichtige Rolle spielen, bleibt oft fürs Herz zu wenig Raum. Du siehst also auch hier wieder: Es ist nicht alles Gold, was glänzt. Und Jungen müssen sich nach dem richten, was zu kriegen ist – und nicht nach dem, was sie gerne hätten. Das muss aber nicht von vornherein eine schlechte Notlösung sein, sondern kann durchaus eine gute Substanz haben.

Wenn du also deine Ansprüche dem anpasst, was du selbst an Qualitäten zu bieten hast, dann stehen die Chancen, den richtigen Jungen zu finden, gar nicht so schlecht. Denn es gibt auch immer wieder Jungen, denen es egal ist, ob du etliche Pfunde zu viel mit dir herumträgst, sondern die deine anderen, die inneren Werte an dir schätzen.

155

Warum prahlt er vor anderen Jungen, wie viele Mädchen er schon »vernascht« hat, obwohl das gar nicht stimmt?

Für viele Jungen ist es sehr wichtig, anderen zu demonstrieren, dass sie Erfolg bei Mädchen und Frauen haben. »Die steht auf mich«, heißt es dann, was übersetzt nichts anderes bedeutet als: »Ich bin ein supertoller Typ!« Das tut seiner männlichen Eitelkeit gut. Ob es nun wirklich stimmt oder nicht, spielt dabei nicht die Hauptrolle. Auf jeden Fall verunsichert es die Boys von der Konkurrenz, und das allein ist es ihm schon wert, so auf die Pauke zu hauen.

Er genießt es einfach, als besonders talentierter »Jäger« und »Eroberer« zu gelten, der jede haben könnte, wenn er doch bloß genug Zeit hätte, um das Angebot auszukosten! Wer jedoch mal die Mädchen fragt, die er angeblich alle schon hatte, wird schnell erfahren, dass an seinen Geschichten meist nicht viel dran ist. Das ist reines »Gockel-Gehabe«. »Gockel« deshalb, weil auch der Hahn im Hühnerstall herumstolziert und am lautesten kräht.

Doch zum Glück sind nicht alle Jungen so. Die meisten sind sogar sehr schüchtern und wissen nicht, wie sie es genau anstellen sollen, ein Mädchen zu beeindrucken. Sie beneiden insgeheim solche Aufschneider, haben aber natürlich auch berechtigte Zweifel, ob deren Storys stimmen.

Weshalb versuchen Jungen, Mädchen mit den verrücktesten Sachen zu imponieren, z. B. S-Bahn-Surfen oder Autos knacken?

Jacqueline (14):

»Ich kenne eine Clique von älteren Jungen, die eigentlich alle sehr nett sind. Doch jetzt habe ich gehört, wie einer gesagt hat, dass er mit einem Kumpel ein paar dicke Autos knacken und damit herumfahren will. Ich habe gesagt: ›Das könnt ihr doch nicht machen, das ist ja kriminell!‹ Aber da hat der geantwortet: ›Da ist ein Mädchen, die will mir nicht glauben, dass ich mich das traue, jetzt muss ich es ihr beweisen. Vielleicht beißt sie dann an.‹ Ich war entsetzt. So was kann man doch von einem Jungen nicht verlangen!«

Das Mädchen hat von diesem Jungen sicher nicht verlangt, dass er ihretwegen eine kriminelle Tat begeht. Wahrscheinlich hat sie nur gelacht, als er damit geprahlt hat, er würde ein paar Autos knacken, und hat es gar nicht ernst genommen. Das fordert ihn aber erst recht heraus.

Denn fast jeder Mann liebt Spannung, Abenteuer und Nervenkitzel. Und so mancher meint, wenn er sich besonders mutig zeigt, würde das jede Frau total beeindrucken. Er schießt dabei leicht übers Ziel hinaus, will noch den Konkur-  renten übertreffen und erreicht am Ende alles Mögliche, nur nicht das, was er eigentlich wollte, z. B. ein Mädchen von sich zu überzeugen.

Es liegt in der Natur des Mannes, seine Stärke unter Beweis zu stellen und dem Mädchen bzw. der Frau zu demonstrieren, dass er sie beschützen kann. Das empfindet er als seine Aufgabe – ähnlich wie Frauen instinktiv andere Menschen bemuttern. Manchmal geht der Stärkebeweis dann auch etwas zu

157

weit. Autos knacken, S-Bahn-Surfen oder ähnliche Irrsinnstaten gehören auf jeden Fall nicht dazu. Damit kann man Mädchen in der Regel nicht gewinnen.

Sag ihm, dass du gut damit leben kannst, wenn er auch menschliche Schwächen hat. Er muss wissen, dass es dir nicht so viel bedeutet, einen Muskelprotz zu haben, der jedes Risiko eingeht und sich damit nur selbst Probleme bereitet. Wenn er weiß, dass er damit nicht großartig punkten kann, hat er auch weniger Druck, dir imponieren zu wollen.

WARUM GREIFEN SICH VIELE JUNGEN GEGENSEITIG AN UND VERPRÜGELN SICH SOGAR?

Im weiteren Sinne und stark verallgemeinert kann man sagen: Jungen greifen sich gegenseitig an, weil sie ihre Kräfte messen wollen. Doch es gibt auch viele Jungen, die überhaupt keine Lust dazu haben und selbst fürchten, von anderen verprügelt zu werden.

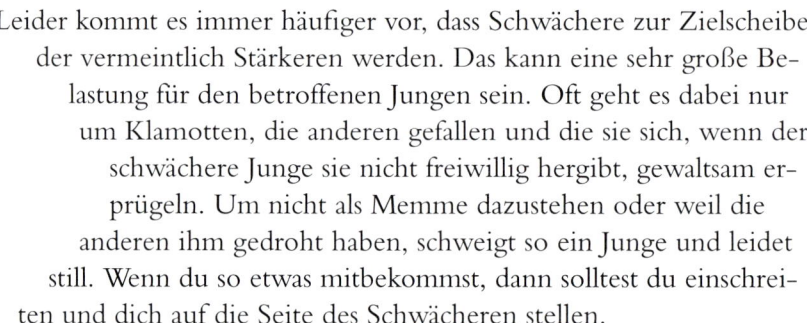

Leider kommt es immer häufiger vor, dass Schwächere zur Zielscheibe der vermeintlich Stärkeren werden. Das kann eine sehr große Belastung für den betroffenen Jungen sein. Oft geht es dabei nur um Klamotten, die anderen gefallen und die sie sich, wenn der schwächere Junge sie nicht freiwillig hergibt, gewaltsam erprügeln. Um nicht als Memme dazustehen oder weil die anderen ihm gedroht haben, schweigt so ein Junge und leidet still. Wenn du so etwas mitbekommst, dann solltest du einschreiten und dich auf die Seite des Schwächeren stellen.

In der Regel haben selbst gewaltbereite Jungen eine natürliche Hemmschwelle davor, öffentlich auf ein Mädchen oder eine Frau einzuschlagen. Deshalb ist das weibliche Geschlecht auch immer wieder das, das in solchen Situationen oft mehr Courage zeigt. Doch wenn du dich nicht traust, persönlich einzugreifen, dann hole Hilfe, entweder indem du Leute direkt ansprichst oder per Handy jemanden rufst.

Zu Schlägereien unter Jungen und Männern kommt es auch sehr oft, wenn sie alkoholisiert sind und/oder sich einbilden, ein anderer hätte ihrer Partnerin, die mancher wie sein Eigentum betrachtet, schöne Augen gemacht. Wenn du im Fokus des Geschehens stehst, dann versuche, die Situation zu entschärfen, indem du dich lieber zurückziehst. Alkohol fördert Aggressionen, und es kam unter dem Eindruck dieser viel zu sehr verharmlosten Droge schon zu tödlichen Dramen.

Vernünftige Jungen und Männer, die ihre Kräfte messen wollen, treiben entsprechenden Sport, z. B. Boxen, Ringen oder jede andere Art von Kampfsport. Sie haben es nicht nötig, andere tätlich anzugreifen, und fühlen sich auch so stark und fit.

WARUM GILT EIN JUNGE ALS TOLLER TYP, WENN ER VIELE MÄDCHEN RUMKRIEGT? UND WARUM GILT EIN MÄDCHEN ALS FLITTCHEN, WENN SIE ES GENAUSO MACHT?

Das sollte in der heutigen Zeit eigentlich kein Thema mehr sein, denn Mädchen haben die gleichen Rechte wie Jungen. Doch leider gibt es immer noch viele rückständige, altmodische Leute, die das nicht so sehen und das Verhalten von Jungen und Mädchen unterschiedlich beurteilen.

Vor allem in manchen anderen Kulturen werden Mädchen bis zum heutigen Tag zwangsverheiratet mit irgendwelchen Jungen, die von den

159

Eltern ausgewählt werden. Wenn sie nach westlichem Vorbild leben wollen, kann das sehr gefährlich sein, und sie müssen sich vor ihrer eigenen Familie in Sicherheit bringen. All diese Dinge sind frauenfeindlich, hierzulande unüblich und gegen unser Grundgesetz. Deshalb ist es gut und wichtig, dass dies nicht mehr ignoriert und toleriert, sondern dagegen konsequent vorgegangen wird.

Dass Jungen und Männer immer noch als »tolle Typen« gelten, wenn sie reihenweise Frauen rumkriegen, ist auch nur zum Teil wahr. Viele Mädchen schrecken nämlich vor so einem eher zurück, weil sie zu Recht davon ausgehen, dass so ein Junge nicht treu sein kann. Ein Junge, der die ständige Bestätigung von Frauen sucht, ist als Partner nicht unbedingt geeignet. Doch es gibt auch Mädchen, die diese Art Jungen gut finden und überaus glücklich sind, wenn er sich auch zu ihnen einmal herablässt. Du musst für dich entscheiden, ob das etwas für dich ist (s. auch Abschnitt: »Warum prahlt er vor anderen Jungen, wie viele Mädchen er schon »vernascht« hat, obwohl das gar nicht stimmt?«, S. 156).

Wenn ein Mädchen sich ähnlich verhält, fällt schnell der Begriff »Flittchen«. Das ist natürlich Quatsch. Nichts spricht dagegen, dass sie ihren »Marktwert« genauso testet wie ein Junge. Doch sie muss auch wissen, dass dies für Jungen zwar erst einmal bequem ist, aber wenn einer eine richtige Beziehung anstrebt, möchte er unter Umständen lieber eine, die etwas wählerischer ist und sich nicht schon mit vielen anderen eingelassen hat.

Übrigens: So ein aufgeschlossenes Mädchen wird von Jungen weniger abgeurteilt als von anderen Mädchen, bei denen dann schon auch mal der Ausdruck »Schlampe« fällt. So ist es nun mal – der größte Feind einer Frau ist oft eine andere Frau.

Kann man mit einem Jungen wirklich platonisch befreundet sein, oder will er irgendwann doch mehr?

Das ist oft schwieriger, als es scheint, denn irgendwann will meist einer von beiden mehr. Das muss nicht der Junge sein, das kannst auch du sein. Und wenn es dann doch nicht klappt, weil einer eben diese Beziehung wirklich rein freundschaftlich betrachtet, dann wird es schnell kompliziert.

Wenn du einen guten Freund hast, dem du vertrauen und mit dem du Spaß haben kannst, dann solltest du dich glücklich schätzen. Doch bist du dir wirklich sicher, dass er nicht irgendwann mal Sex mit dir haben will? Oder hoffst du vielleicht insge-heim selbst, dass du über die freundschaftliche Schiene doch noch bei ihm landen kannst? Dann versprich dir nicht zu viel, denn die Geschichte ist in diesem Fall meist eine einseitige, die dich auf Dauer nur unglück-lich macht. Und wenn er mehr will, was auch vorkommt, dann überlege

gut, ob du mitmachen willst. Das kann das Ende eurer Freundschaft bedeu-ten – egal, ob du mitspielst oder nicht. Es ist in jedem Fall besser, den Sex auszuklammern, wenn ihr platonisch befreundet bleiben wollt.

Etwas anderes ist es, wenn der Junge homosexuelle Neigungen hat und du wirklich nichts von ihm willst, was über die platonische Freundschaft hi-nausgeht. Dann spielt Sex zwischen euch keine Rolle, und ihr könnt Freunde fürs Leben werden. Selbst wenn ihr mal herumprobiert und euch streichelt, werdet ihr beide schnell merken, dass es nicht das ist, was ihr bei-de sucht – und dass es auch nicht wirklich befriedigend ist. Viele Jungen spüren schon früh, wenn sie sich mehr zum eigenen Geschlecht hingezogen fühlen, und orientieren sich noch. Dazu gehört auch, es mal ein bisschen mit Mädchen zu versuchen. Daraus kann dann eine platonische Freundschaft werden, aber es kann auch das Ende einer solchen sein. Es liegt an euch, wie ihr damit umgeht. Ihr könnt sexuelle Spiele natürlich auch ganz bleiben lassen.

Kennt dein Freund ein anderes Mädchen, mit dem er rein platonisch befreundet ist, das er schon sehr lange kennt und mit dem er besonders gut reden kann, dann hast du erst einmal keine Chance gegen sie. Aus seiner Sicht verbindet ihn mit dieser Freundin so viel, dass er sie auch weiterhin regelmäßig treffen will.

Gut möglich, dass sie das genauso sieht, dann gibt es erst einmal keine Probleme. Aber es kann auch sein, dass sie hofft, ihn eines Tages für sich zu gewinnen. Dann wird es schwierig, und du solltest misstrauisch sein. Am besten wäre es, er würde seine Treffen mit ihr dann auf ein Mindestmaß reduzieren. Das wäre zudem ein klarer Beweis dafür, dass er zu dir steht. Ist sie allerdings in festen Händen, dann sollte dich das beruhigen. Wenn du willst, könnt ihr euch auch mal kennenlernen, damit du dir ein besseres Bild von ihr machen kannst. Mit Offenheit kommst du da am weitesten.

WARUM STEHEN JUNGEN AUF SEXFILME UND FOTOS VON NACKTEN FRAUEN?

Ganz einfach: weil sie sich davon sexuell angetörnt fühlen. Fotos von nackten Frauen oder Sexfilme setzen seine Fantasie in Gang, und das genießt er. Er träumt davon, dass er das Gesehene in der Praxis mit seiner Freundin umsetzen kann, was aber in der Regel nur ein Wunsch bleibt.

Denn Mädchen lehnen so etwas meist ab, weil sie sich in erster Linie nach Liebe und Zweisamkeit sehnen und weniger nach außergewöhnlichen Sexspielchen.

Für die nackten Frauen, die auf diesen Bildern zu sehen sind, ist das ein Job, mit dem sie Geld verdienen. Sie räkeln sich meist auf eine Weise, die ein Junge oder Mann im Alltag mit seiner Partnerin nicht erlebt. Daher findet er das doppelt interessant und spannend.

Viele Jungen, die sich in ihrem Zimmer Pin-up-Fotos an die Wand kleben oder entsprechende Sexheftchen und -filme sammeln, sind oft solo und benutzen dieses Material zur eigenen Animation bei der Selbstbefriedigung. Doch auch Jungen, die eine feste Freundin haben, greifen gerne auf solche Bilder zurück. Das hat nichts mit dir zu tun. Sich selbst sexuell zu verwöhnen und mit einem Mädchen zu schlafen, sind zwei völlig getrennte Vorgänge. Du musst dir also keine Sorgen machen, dass er mit dir »unzufrieden« ist, wenn du Sexmagazine oder Sexvideos bei ihm findest.

Ich werde in der Clique veräppelt, weil ich noch keinen Freund habe und auch keinen Sex hatte. Soll ich den anderen etwas vorschwindeln?

Georgia (15):
»Ich habe noch nie mit einem Jungen geschlafen. In meiner Clique werde ich deshalb ›Jungfrau‹ genannt und veräppelt. Ein Junge hat gesagt, es würde höchste Zeit, dass es mir mal einer zeigt, er hätte darauf aber keine Lust, außerdem sei sein Terminkalender voll. Nun überlege ich, ob ich ihnen einfach vorschwindle, dass ich schon vor ihnen allen Sex hatte.«

163

Es gibt keine Regel, ab wann man einen Freund und Sex haben muss. Manche fangen damit früher an, andere erst später. Alles ist normal, es liegt allein an dir, wann du dich bereit dafür fühlst. Auf keinen Fall solltest du dich durch dumme Reden anderer unter Druck setzen lassen.

Du solltest auch nicht alles glauben, was sie erzählen. Sie tragen oft nur dick auf, um selbst als besonders erfahren zu gelten, aber in Wirklichkeit haben sie bis jetzt genauso wenig oder viel erlebt wie du.

Wenn es dir guttut und du dich besser fühlst, den anderen diesbezüglich etwas vorzuschwindeln, kannst du es ruhig tun. Aber überlege auch, ob du das wirklich nötig hast und ob das die richtige Clique für dich ist. Es geht sie nämlich überhaupt nichts an, ob du schon Erfahrungen gesammelt hast oder nicht. Das ist dein Intimbereich, und der gehört ausschließlich dir (s. auch Abschnitt: »Wie finde ich endlich einen Freund?«, S. 19).

WIE WICHTIG IST ES FÜR JUNGEN, DASS EIN MÄDCHEN PERFEKT GESTYLT IST?

Ein Mädchen ist für einen Jungen nicht nur etwas fürs Herz, sondern in der Öffentlichkeit, vor seinen Kumpels, auch ein Statussymbol. Er will ihnen damit demonstrieren: »Da, schau, was ich für eine super Braut habe!« Das wertet ihn auf und macht ihn stolz. Und je besser ein Mädchen oder eine Frau aussieht oder sich stylt, desto stolzer ist er auch.

Ob jemand gut aussieht, liegt ganz im Ermessen des Betrachters. Der eine findet es gut, wenn sich ein Mädchen sehr modisch zurechtmacht, der andere mag es, wenn sie ganz natürlich aussieht. Du solltest auf jeden Fall das tragen, worin du dich am wohlsten fühlst. Wer sich auf Wunsch seines Freundes oder auf eigenen Druck hin in etwas hineinzwängt, was ihm vielleicht nicht richtig passt oder irgendwo zwickt, sieht darin meist auch nicht gut aus.

Ob du total perfekt und fehlerlos gestylt bist, fällt den meisten Jungen gar nicht auf. Sie wollen einfach nur, dass du gut aussiehst und eine tolle Ausstrahlung hast. Wundere dich also nicht, wenn er nicht merkt, dass du etwas Neues anhast. Solange er sich nicht äußert, gefällst du ihm. Erst wenn er an deinem Aussehen herummäkelt, liegt etwas im Argen.

Aber wie hätte er es denn gerne? So sexy, dass alle anderen Jungen neidisch sind. Aber nicht so sexy, dass einer auf die Idee kommt, dich anzubaggern. Denn auf diesen Stress hat er keine Lust. Er erwartet also stillschweigend, dass du den richtigen Mittelweg findest.

Frag ihn am besten auch nicht: »Wie findest du das? Steht es mir?« Du wirst als Antwort wahrscheinlich nur hören: »Gut, schön.« Mehr kommt da nicht. Er versteht gar nicht, was du wissen willst. Dass du vielleicht auf ein Kompliment warten könntest, kommt ihm nicht in den Sinn. Warum auch, wenn er sagt, dass es schön ist? Das ist doch genug. Was willst du mehr? Jungen und Männer betrachten ihre Mädchen und Frauen viel weniger genau als diese sich selbst. Wenn sie sich einmal für dich entschieden haben, ist das für sie Beweis genug. Wenn du ihm nicht gefallen würdest, wäre er nämlich schon längst weg. So einfach sind Männer.

Es kann durchaus auch sein, dass dir etwas überhaupt nicht gefällt, aber er findet es richtig klasse. Dann solltet ihr euch darüber einig werden, wann du es speziell für ihn trägst – und wann nicht.

Styling ist im Übrigen nur ein Teil des Aussehens. Viel wichtiger ist, dass du eine gute innere Ausstrahlung hast, die sehr oft über jedes Outfit hinwegstrahlt. Diese bekommst du, indem du eine positive Einstellung zum Leben hast und nicht frustriert und unzufrieden bist. Wer immer nur miesepetert, sieht auch so aus. Und das macht Jungen gar nicht an. Denn eines wollen sie auf keinen Fall: ein Mädchen, das kompliziert ist, seine Probleme nach außen trägt und womöglich auch noch darüber mit ihm diskutieren will. Da hilft dann auch das beste Styling nicht – das törnt ihn total ab.

WARUM KANN MAN MIT JUNGEN NICHT SHOPPEN GEHEN?

Ein Shopping-Bummel durch die Stadt, wie du ihn gerne hast, kann mit einem Jungen sehr schwierig sein. Für Mädchen und Frauen ist das ein sinnliches Erlebnis, sie schauen herum, probieren an, bummeln weiter und haben am Ende vielleicht gar nichts gekauft. Jungen und Männer dagegen verstehen unter Shoppen: kaufen, bezahlen, gehen. Sich ausschließlich umzusehen und daran noch Spaß zu haben, das ist den meisten fremd.

Stephanie (15):
»Eigentlich verstehe ich mich mit meinem Freund sehr gut. Wir haben selten Streit. Doch jedes Mal, wenn wir durch die Stadt bummeln und ich ein bisschen shoppen will, geraten wir aneinander. Er kann es nicht ertragen, dass ich in Kaufhäusern herumstöbere, sondern drängelt und nervt mich, ob ich nun bald fertig sei. Dabei haben wir meist gar keine Eile. Ich finde es so schade, dass er in solchen Situationen immer nur meckert.«

Um Streit zu vermeiden, solltest du entweder alleine oder mit einer Freundin shoppen. Dann könnt ihr aussuchen, wühlen, euch gegenseitig beraten – und keiner nervt euch. Wenn du dann genau weißt, was du willst, kannst du einen Tag später mit deinem Freund losgehen und gezielt das nehmen, was du bereits ausgewählt hast. Und dann frage ihn, was er nun gerne möchte, und begleite ihn.

Andere Möglichkeit: Ihr geht zusammen und trennt euch für eine bestimmte Zeit. Du kannst dann herumschauen, und er kann inzwischen einen Kaffee trinken gehen. Oder ihr trefft euch erst in der Stadt, wenn du fertig bist mit dem Shopping. Ruf ihn dann an, und verabredet euch.

Dass Jungen und Männer zielloses Herumgucken nicht ausstehen können, liegt möglicherweise daran, dass sie vor Urzeiten als Ernährer und Jäger das Wild erlegen und es nach Hause schaffen mussten. Ein anstrengender Vorgang, den sie so schnell wie möglich hinter sich bringen wollten. Mädchen und Frauen sammelten inzwischen Beeren, kümmerten sich um die Kinder, hielten hier mal ein Schwätzchen und dort mal eines, dann sammelten sie wieder Früchte – bis der Korb voll war. Dieses Urverhalten hat sich in uns Menschen festgesetzt. Beim Shopping kommt es an den Tag.

WORÜBER REDET ER MIT SEINEN KUMPELS?

Es wird dich überraschen, aber Jungen sprechen untereinander nur wenig über Frauen. An erster Stelle geht es meist um ihr Hobby. Ist das der Fußball, spekulieren sie über die Chancen ihres Vereins beim nächsten Spiel und hätten tausend gute Ratschläge für den Trainer – wenn er doch bloß auf sie hören würde!

Auch Mofas, Motorräder, Autos und Computer sind ein wichtiges Thema. Da gibt einer dem anderen Tipps, manche verabreden sich auch, gemeinsam etwas zu basteln. Steht eine größere Clique zusammen, reden oft alle durcheinander – möglichst laut und lange. Ob da einer noch dem anderen wirklich zuhört, darf bezweifelt werden.

Leider geht es auch oft um Alkohol. Unter Männern wird kein Wasser getrunken, da gibt es Bier. Besonders »starke« Jungen und Männer glauben, sie müssten auch noch einen oder mehrere Schnäpse dazu trinken. Und wenn die Stimmung dann feuchtfröhlich fortgeschritten ist, kommen hin und wieder auch Frauen in ihrer Unterhaltung vor. Aber nicht du persönlich, sondern Mädchen und Frauen im Allgemeinen – und wie kompliziert doch das Leben mit ihnen ist. Du kannst ihn also ruhig mit seinen Kumpels ausgehen lassen, es ist alles ganz harmlos (s. auch Abschnitt: »Warum kann man mit vielen Jungen nicht so offen reden wie mit Mädchen?«, S. 151).

Wie schon mehrfach erwähnt, soll hier nichts verallgemeinert werden. Dies trifft auf einen Teil der Jungen zu, aber es gibt natürlich auch sehr viele, die sich nicht alkoholisieren müssen und die auch vor ihren Kumpels zu ihrer Partnerin stehen und sich von Männer- bzw. Jungencliquen lieber fernhalten.

WESHALB SPIELT ER IN SEINER CLIQUE IMMER DEN STARKEN MANN UND ALLEINE IST ER GANZ SCHÜCHTERN UND REDET KAUM ETWAS?

Wenn er sich der Unterstützung und des Rückhalts vertrauter Kumpels sicher sein kann, fühlt er sich stark. Doch wenn er plötzlich unter fremden Menschen ist, die ihm überlegen sind, zieht er sich lieber zurück. Das ist ein ganz natürlicher Vorgang und bei Mädchen auch nicht anders.

In deinem Umfeld bist du anerkannt, und wenn du auf einmal allein unter fremden Menschen bist, fühlst du dich auch nicht gleich wohl. Dir fehlt die kuschelige Nestwärme der Clique, und du weißt nicht richtig, wie du dich bewegen sollst, mit wem du worüber reden sollst. Du willst keine Fehler machen, nicht unangenehm auffallen. Viele halten dich im ersten Moment daher für schüchtern. Doch wenn du dich langsam und mit Gespür an die anderen herantastest, wird sich die Spannung bald legen, und du wirst akzeptiert. Solche Herausforderungen sind wichtig für deine Entwicklung, denn du wirst auch später immer wieder mit Menschen zusammentreffen, die dir fremd sind. Dann ist es wichtig, dass du weißt, wie damit umgehen.

Dies alles gilt ebenso für Jungen. Sie haben zusätzlich noch das Hemmnis, dass sie von Mädchen möglicherweise erst einmal besonders kritisch unter die Lupe genommen werden. Das erleichtert ihnen diesen Vorgang nicht. Sei daher unverbindlich-freundlich, damit kannst du ihm in einem ihm fremden Kreis den Zugang erleichtern.

WARUM WILL ER NICHT, DASS ICH IHN WEINEN SEHE?

Früher galt es als unmännlich, wenn Jungen oder Männer weinten. Schon als Kind lernten sie, dass das nur Mädchen tun dürfen. Deshalb war es ihnen peinlich, wenn mal die Tränen flossen. Sie schluckten ihren Kummer hinunter und unterdrückten ihre Gefühle.

Heute ist das zum Glück nicht mehr grundsätzlich so. Denn wenn ein Junge oder Mann weint, ist das für Mädchen und Frauen ein Zeichen, dass er Gefühle zeigen kann. Das kommt gut an. Dennoch reißen sich viele Jungen doch lieber zusammen und versuchen alles, damit ihnen nicht die Tränen kommen. Es kann ein noch so rührender Film im Kino laufen und du hast längst mehrere Taschentücher vollgeweint, da sitzt er immer noch regungslos da und wischt sich höchstens mal mit dem Finger über das Auge. Aber immer mehr Jungen und Männer nehmen sich inzwischen auch das Recht heraus, ihren Gefühlen freieren Lauf zu lassen, weil sie wissen, dass sie damit bei Mädchen und Frauen nicht anecken.

Das uralte Klischee, dass ein Mann nicht weint, ist eben nicht von heute auf morgen auszurotten. Wenn nur du oder andere Mädchen ihn sehen, wie er die Fassung verliert, kann er das gerade noch verkraften, aber andere Jungen sollten das möglichst nicht mitbekommen. Das könnte seinem Image schaden – glaubt er. Dabei geht es anderen oft genauso.

Auf keinen Fall solltest du dich wie eine Mutter auf ihn stürzen, wenn er weint. Er ist nicht dein Kind! Nimm ihn auch nicht in deine Arme, und trockne ihm nicht mit einem Taschentuch die Tränen ab. Das kann er alles selbst. Leg einfach deine Hand auf seine, das alleine genügt ihm schon.

Freudentränen gestatten sich viele Jungen noch seltener als Tränen des Kummers. Es sei denn, dein Freund ist ein sehr fröhlicher, lustiger Mensch – dann lacht er schon mal so herzlich, dass automatisch die Tränen kullern. So einen Traumjungen solltest du auf jeden Fall nicht mehr laufen lassen.

WARUM SAGT ER MIR NICHT, WAS IHN BEDRÜCKT?

Wenn ein Junge ein Problem hat, dann löst er das am liebsten still und leise für sich selbst. Großartig darüber zu reden, wie Mädchen das meist tun, ist nicht sein Ding. Ein Indianer kennt keinen Schmerz. Das ist für ihn Programm.

»Mein Freund Nick hat irgendein Problem, ich merke es genau. Schon so oft habe ich ihn gefragt, was los ist, aber er sagt immer nur: ›Nichts!‹ Ich glaube das nicht und mache mir Sorgen, dass es etwas mit mir zu tun haben könnte. Wie kann ich ihn dazu bringen, dass er redet?«

Es hat mit ziemlicher Wahrscheinlichkeit nichts mit dir zu tun. Wenn ihm in seiner Beziehung etwas nicht gefällt, dann lässt er dich das klar spüren oder reagiert entsprechend, indem er keine Zeit hat oder mit anderen Mädchen herummacht.

Nerve ihn nicht damit, indem du ständig fragst, was er hat und warum er nicht redet. Erkläre ihm, dass du immer gesprächsbereit für ihn bist, aber dass du auch akzeptieren kannst, wenn er es für sich behalten will. Je weniger du bohrst, desto eher wird er von sich aus etwas erzählen, wenn es ihn nachhaltig belastet. Ansonsten kannst du davon ausgehen, dass ihm nur kurzfristig etwas gegen den Strich geht. Das sollte dich dann auch nicht weiter interessieren.

WARUM WILL ER ALLES BESSER WISSEN ALS ICH?

Was Jungen und Männer können, das können heutzutage auch Frauen. Sie sind schon in der Schule oft viel besser als die Jungs in der Klasse, und selbst handwerklich und technisch können sie sich alleine helfen. Früher bemühten Frauen, wenn es z. B. darum ging, einen Fernseher oder ein anderes technisches Gerät anzuschließen, ihren Mann. Seine Überlegenheit in diesem Punkt war ein klares männliches Erkennungsmerkmal. »Gib mal her, lass mich das machen!«, sagte dein Opa wahrscheinlich noch zu Oma.

Mädchen von heute verkabeln wie selbstverständlich ihre Computer alleine.

Das ist auf der einen Seite für Jungen und Männer sehr bequem, auf der anderen Seite haben viele damit ein Problem. Denn dass Mädchen und Frauen in ursprünglichen Männerdomänen alleine zurechtkommen, ist ein Zeichen mehr, dass sie das andere Geschlecht in diesen Dingen kaum noch brauchen. Und es gibt in unserer heutigen Zeit noch viele andere Aspekte, wo Männer beinahe »überflüssig« geworden sind:

✳ Frauen verdienen ihr eigenes Geld und manchmal sogar mehr als er – früher waren sie von ihm abhängig.

✳ Viele Frauen haben keine Lust mehr auf Kinder, Küche und seine Seitensprünge und trennen sich von ihm.

✳ Viele fahren besser Auto als er, können entgegen männlichen Vorurteilen perfekt einparken und lassen sich nicht mehr den Mund verbieten.

✳ Immer mehr Frauen sind begeisterte Heimwerkerinnen und schrauben, bohren, sägen und hämmern. Motto: »Er verspricht immer nur, dass er es macht, aber es passiert nichts. Also: selbst ist die Frau!«

✳ Beim Sex haben Frauen längst festgestellt, dass sie sich mit Selbstbefriedigung oft wohligere Gefühle verschaffen können als mit einem Partner, der mehr an sich selbst denkt als an sie.

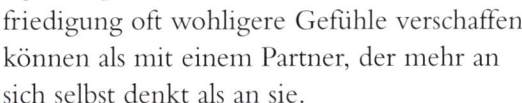

✳ Selbst zum Kinderzeugen braucht man Männer heute nicht mehr unbedingt. Der medizinische Fortschritt macht es möglich.

Es ist also kein Wunder, dass sich viele Jungen und Männer solch selbstbewussten Mädchen

172

und Frauen gegenüber verunsichert fühlen und ihre männliche Identität zum Teil verloren haben. Auch wenn all die aufgezählten Punkte auf dich noch nicht zutreffen, so hast du bestimmt in deinem Umfeld schon mal mitbekommen, dass die Realität so aussieht.

Deshalb kannst du als kluges Mädchen doch ruhig mal ein bisschen nachsichtig mit ihm sein und ihn etwas besser wissen lassen. Das tut ihm gut und dir nicht weh. Fordere ihn, bitte ihn darum, dir zu helfen – auch wenn du es selbst erledigen könntest. Das ist zugleich ein guter Test, wie sehr er bereit ist, etwas für dich zu tun. Wenn er nicht vorankommt, kannst du es immer noch selbst machen. Und du weißt wieder etwas besser, mit wem du es zu tun hast und ob du so einen Jungen wirklich auf Dauer willst.

Jungen, die immer nur bedient werden – sei es von dir oder von ihrer Mutter –, werden es später im Leben nicht leicht haben. Also, lass dich ruhig mal von ihm verwöhnen, und übernimm nicht jede Aufgabe, die auch er locker bewältigen könnte. Und wenn er dich dann belehren will, wie das in Wirklichkeit geht, dann kannst du schmunzelnd zuhören, denn endlich hat er mal wieder ein Erfolgserlebnis!

Weshalb trinkt er auf Partys immer so viel Alkohol und kifft auch noch?

Zu viel Alkohol oder auch Haschisch sind in vielen Beziehungen ein großes Thema und gehören zu den häufigsten Trennungsgründen. Weil viele Jungen und Männer Konflikte nicht gerne offen austragen, trinken sie sich lieber einen an, anstatt zu reden. Wer sich so vollpumpt, möchte meist vor einem Problem flüchten, denn dann lässt es sich – jedoch nur für einige Momente – leichter ertragen. Meist sind es schulische, berufliche oder auch partnerschaftliche Schwierigkeiten, die Auslöser für übermäßigen Drogenkonsum sind.

Willst du nun wissen, was genau ihn bedrückt, wirst du möglicherweise keine Antwort bekommen. Es gibt eben Dinge für ihn, über die er nicht gerne mit sich reden lässt. Wenn du ihn darauf ansprichst, kann es sogar zum Streit kommen. Am besten ist es dann, du gehst erst einmal nicht weiter darauf ein (s. auch Abschnitt: »Warum sagt er mir nicht, was ihn bedrückt?«, S.170).

Alexa (16):
»Vor Kurzem war ich mit meinem Freund zu einer Geburtstagsfete eingeladen. Anfangs war alles noch ganz okay, aber dann hat er zusammen mit anderen angefangen zu kiffen, obwohl er genau weiß, dass ich das nicht leiden kann. Sie haben mehrere Tüten weggepafft, und vorher hatte er schon einiges an Alkohol getrunken. Ich war ziemlich sauer und bin dann einfach alleine gegangen. Warum lässt er sich immer wieder zu solchen Exzessen verführen?«

Wenn Jungen und Männer zusammensitzen, schlagen sie gerne über die Stränge. Und dann wird getrunken, weil es die anderen auch tun. Da will keiner kneifen und seiner Freundin wegen nicht mitmachen. Er fürchtet, die anderen könnten sonst glauben, er wäre ein Pantoffelheld. Du musst diese Exzesse auf keinen Fall schweigend akzeptieren. Alexa hat es ganz richtig gemacht und einfach alleine die Party verlassen. Das kann ein heilsamer Schock für ihn sein – muss aber nicht.

Es lässt sich nur sehr schwer beurteilen, ob jemand süchtig ist. Aber du kannst davon ausgehen, dass er sehr gefährdet ist, wenn er sich regelmäßig auch alleine betrinkt oder bekifft und nicht nur hin und wieder mal im Kreise seiner Clique. Dann solltest du ihm vorschlagen, mal eine Drogenberatung aufzusuchen. Aber wenn er das nicht selbst einsieht und etwas ändern möchte, hast du keine Chance – und es wäre auch wenig sinnvoll, ihn dazu zu drängen. Für dich stellt sich dann vor allem die Frage, ob du wirklich auf Dauer mit so einem Jungen zusammen sein willst. Von einem Jungen, der offensichtlich süchtig ist und dem Drogen mehr bedeuten als du, solltest du dich sofort trennen.

WARUM VERGESSEN JUNGEN SO OFT, WAS MAN IHNEN ERZÄHLT HAT?

Wieder mal eine ganz einfache Antwort: weil sie gar nicht zugehört haben und es sie auch nicht interessiert. Was sie nicht berührt, das lassen Jungen und Männer gar nicht in ihr Gedächtnis. Deshalb müssen sie sich auch mit viel weniger Dingen auseinandersetzen als Mädchen und Frauen. Das ist ein ganz bedeutender Punkt zwischen beiden Geschlechtern, an dem sich die Geister immer wieder scheiden und wo deutlich wird, wie anders Mädchen und Jungen bzw. Frauen und Männer doch sind.

Dass er schon wieder vergessen hat, was du ihm erst gestern erzählt hast, liegt daran, dass er vieles schneller aus seinem Kopf löschen kann als du. Während Mädchen und Frauen sich oft tagelang mit irgendwelchen Klei-nigkeiten beschäftigen, hat er die Sache längst abgehakt und erinnert sich nicht einmal mehr daran. Davon könnten Mädchen und Frauen sich manchmal etwas abschauen, denn diese einfache, männliche Einstellung kann das Leben manchmal sehr erleichtern.

Alles über die aufregendsten Jahre im Leben

Die Zeit des Erwachsenwerdens ist voller neuer Erfahrungen und oft nicht einfach! Probleme mit den Eltern, Liebe und Sexualität beschäftigen die Jugendlichen, und nicht nur der eigene Körper, sondern das ganze Leben verändert sich von Grund auf. Die erfolgreichen Ratgeber beantworten klar und übersichtlich alle Fragen, die Mädchen und Jungen in diesen aufregenden Jahren haben. Mit einem ausführlichen Adressenteil.

Trude Ausfelder
Alles, was Mädchen wissen wollen
Infos und Tipps für die aufregendsten
Jahre im Leben

Einband von Kerstin Schürmann, formlabor
Ab 12 Jahren · 256 Seiten
ISBN 978-3-7817-0100-7

Trude Ausfelder
Alles, was Jungen wissen wollen
Infos und Tipps für die aufregendsten
Jahre im Leben

Einband von Kerstin Schürmann, formlabor
Ab 12 Jahren · 256 Seiten
ISBN 978-3-7817-0101-4